Fray Luis de León

Fragmentos de la Biblia: Libro de Job Cantar de los Cantares

Barcelona **2024**
Linkgua-ediciones.com

Créditos

Título original: Fragmentos de la Biblia.

© 2024, Red ediciones S.L.

e-mail: info@linkgua.com

Diseño de cubierta: Mario Eskenazi.

ISBN rústica: 978-84-9816-774-0.
ISBN cartoné: 978-84-9897-417-1.
ISBN ebook: 978-84-9897-791-2.

Cualquier forma de reproducción, distribución, comunicación pública o transformación de esta obra solo puede ser realizada con la autorización de sus titulares, salvo excepción prevista por la ley. Diríjase a CEDRO (Centro Español de Derechos Reprográficos, www.cedro.org) si necesita fotocopiar o escanear algún fragmento de esta obra.

Sumario

Créditos _____ **4**

Brevísima presentación _____ **11**
    La vida _____ 11

Libro de Job _____ **13**

Capítulo I _____ **15**

Capítulo II _____ **18**

Capítulo III _____ **20**

Capítulo IV _____ **23**

Capítulo V _____ **26**

Capítulo VI _____ **29**

Capítulo VII _____ **32**

Capítulo VIII _____ **35**

Capítulo IX _____ **38**

Capítulo X _____ **42**

Capítulo XI _____ **45**

Capítulo XII _____ **47**

Capítulo XIII _____ 50

Capítulo XIV _____ 53

Capítulo XV _____ 56

Capítulo XVI _____ 60

Capítulo XVII _____ 63

Capítulo XVIII _____ 65

Capítulo XIX _____ 67

Capítulo XX _____ 70

Capítulo XXI _____ 73

Capítulo XXII _____ 76

Capítulo XXIII _____ 79

Capítulo XXIV _____ 81

Capítulo XXV _____ 82

Capítulo XXVI _____ 83

Capítulo XXVII _____ 85

Capítulo XXVIII _____ 86

Capítulo XXIX _____ 88

Capítulo XXX _____ 91

Capítulo XXXI	92
Capítulo XXXII	94
Capítulo XXXIII	97
Capítulo XXXIV	101
Capítulo XXXV	105
Capítulo XXXVI	107
Capítulo XXXVII	110
Capítulo XXXVIII	113
Capítulo XXXIX	117
Capítulo XL	121
Capítulo XLI	124
Capítulo XLII	127
Salmos	131
Salmo I. Beatus vir	133
Salmo XI. Salvum me fac, Domine	135
Salmo XII. Usquequo, Domine	136
Salmo XVII. Diligam te, Domine	137
Salmo XVIII. Caeli enarrant	142

Salmo XXIV. Ad te, Domine, levavi _____ 144

Salmo XXVI. Dominus illuminatio _____ 148

Salmo XXXVIII. Dixi, custodiam _____ 151

Salmo XLI. Quemadmodum desiderat _____ 153

Salmo XLIV. Eructavit _____ 156

Salmo LXXI. Deus, iudicium _____ 159

Salmo LXXXVII. Domine, Deus salutis meae _____ 162

Salmo CII. Benedic, anima mea, Domino, et omnia. [1ª versión] _____ 164

Salmo CII. Benedic, etc. [1ª versión] _____ 167

Salmo CIII. Benedic, anima mea, Domino: Domine Deus _____ 170

Salmo CVI. Confitemini Domino _____ 173

Salmo CIX. Dixit Dominus _____ 177

Salmo CXXIV. Qui confidunt _____ 178

Salmo CXXIX. De profundis _____ 179

Salmo CXLV. Lauda, anima mea _____ 181

Salmo CXLVII. Lauda, Ierusalem _____ 183

De los Proverbios de Salomón _____ 185

Cantar de los Cantares _____ 189

Capítulo I _____ 191

Capítulo II _____ 193

Capítulo III _____ 194

Capítulo IV _____ 195

Capítulo V _____ 196

Capítulo VI _____ 198

Capítulo VII _____ 199

Capítulo VIII _____ 200

Libros a la carta _____ 203

Brevísima presentación

La vida

Fray Luis de León (Belmonte, Cuenca, 1527-Madrigal de las Altas Torres, Ávila, 1591). España.

De familia ilustre con ascendientes judíos, Luis Ponce de León estudió en Alcalá de Henares y Toledo antes de ingresar como novicio en el convento salmantino de San Agustín. Participó en las polémicas que enfrentaban a dominicos y agustinos en la universidad de Salamanca. Frente al tomismo conservador de los primeros, postuló el análisis de las fuentes hebreas en los estudios bíblicos.

Cuando se difundió su traducción al castellano del Cantar de los cantares a partir del hebreo, fue acusado de infringir la prohibición del Concilio de Trento, que estableció como oficial la versión latina de san Jerónimo. Procesado por la Inquisición, estuvo encarcelado entre 1572 y 1577, al final fue declarado inocente y pudo volver a sus clases.

Hombre vehemente, sufrió otra amonestación inquisitorial en 1584. Tuvo las cátedras de filosofía y estudios bíblicos, y poco antes de su muerte, en 1591, fue nombrado provincial de la orden agustina en Castilla. Dominaba el griego, el latín, el hebreo, el caldeo y el italiano. Fue admirado por Cervantes (que lo llamó «ingenio que al mundo pone espanto»), por Lope de Vega (que escribió: «Tu prosa y verso iguales / conservarán la gloria de tu nombre») y sobre todo por Francisco de Quevedo (quien lo consideró el «mejor blasón de la habla castellana»).

Libro de Job

Capítulo I

    En la región de Hus, en la primera
edad, fue un hombre justo, Job llamado,
ejemplo de virtud, simple y entera;
    Temeroso de Dios y del pecado
enemigo mortal, y juntamente
de bienes y riquezas abastado;
    Clarísimo entre todos los de Oriente.
Hijos e hijas bellas Job tenía,
y de servicio innumerable gente.
    Los anchos campos fértiles rompía
con toros más de mil; tres mil camellos
y siete mil ovejas poseía.
    Sus hijos, por su orden, uno de ellos
(el uno cada día) convidaba
en su casa a comer a todos ellos.
    Acabada la rueda, madrugaba
el padre de mañana, y con fe pura
por cada uno a Dios ofrenda alzaba.
    Porque decía ansí: «Si por ventura
mis hijos allá dentro de su pecho
usaron contra Dios de desmesura».
    Aquesta fue de Job la vida y hecho,
mientras los tiempos claros le duraron,
y tuvo el viento próspero y derecho.
    Mas fue que un día, entre otros que pasaron,
delante de la Majestad divina
Satanás y los ángeles llegaron.
    De Satanás la furia serpentina:
Y díjole el Señor, como le vido
(a cuya voz la tierra y mar se inclina):
    —¿De dónde vienes tú? Dice: —He corrido
por la tierra, Señor, y paseado

cuanto es de los mortales poseído.
   Y Dios: —Di, ¿por ventura has contemplado
en mi sirviente Job, que en virtud pasa
a todos cuantos moran lo poblado?
   —Por la defensa suya y de su casa
te pones tú por muro diamantino;
¿y es mucho si tus leyes no traspasa?
   —Sigue —dice—, Señor, otro camino;
toquémosle con mano más pesada,
veréis do llegará su desatino.
   —Dispón de su hacienda, reservada
quedando su persona —dijo el Alto
Señor, y la consulta fue acabada.
   Teñido de tristeza y de luz falto
el Sol por el oriente se mostraba,
cuando con turbación y sobresalto
   A Job le vino un mozo y le contaba:
«Tus bueyes, ¡oh señor!, iban arando,
y el hato de las yeguas junto andaba;
   Y súbito su furia demostrando,
sobre nosotros el sabeo viene;
yo solo me escapé por pies volando.»
   Esto contaba el mozo, y sobreviene
un otro luego, y dícele afligido,
que ni camellos ya ni guardas tiene.
   Que el escuadrón caldeo, dividido
en tres partes, lo uno había robado,
los otros a cruel fierro metido.
   Había aqueste apenas acabado,
y llega otro diciéndole que el cielo
con fuego las ovejas ha abrasado.
   Y para dar remate al desconsuelo,
otro con lloro amargo le decía
que vista por sus hijos negro duelo;

Porque estando comiendo en compañía,
la casa, derrocada de un gran viento,
debajo de sí muertos los tenía.
   Aquí se levantó Job de su asiento,
rompió sus vestiduras, y tendido
por tierra con humilde sentimiento,
   Dijo: «Cual el principio el fin ha sido;
desnudo vine al mundo, y es forzado
tornar desnudo allí donde he salido.
   Diómelo Dios, y Dios me lo ha quitado.
¡Alabado su nombre santo sea!».
En todo aquesto Job nunca ha pecado,
ni dicho contra Dios palabra fea.

Capítulo II

Despojado Job de todos sus bienes, y no por eso vencido, torna el demonio a pedir licencia a Dios para afligirle más. Dásela y hiérele el cuerpo con enfermedad y llagas feas. Por donde su mujer, aborreciéndole, le convida a que desespere; a la cual él, con ánimo paciente y varonil, la reprende; y se asienta en el polvo, adonde cuatro amigos suyos que le vienen a ver y se admiran de verle, asentados y callando y mirándose entre sí, pasan siete días.

Ábrese ya otra vez la etérea entrada,
y del Eterno Padre a la presencia
la Corte celestial es convocada.
  Vino toda la angélica potencia,
y vino allí el demonio juntamente,
haciendo su debida reverencia.
  Y preguntóle Dios encontinente:
—¿De dónde vienes tú? Y dice: —He andado
todo lo poseído de la gente.
  Y Dios: —Di: ¿por ventura has contemplado
en mi sirviente Job, que resplandece
de perfecta virtud raro dechado,
  Y en cómo perseguido permanece
entero en su bondad? Tú me has movido
sin causa a dalle el mal que no merece.
  —Todo —dice— lo da por bien perdido,
desde el primero bien hasta el postrero,
si queda con salud, el afligido.
  Aún este mal no le ha pasado al cuero;
en lo vivo le toque vuestra mano,
veréis quién es con testimonio entero.
  —No toques en su vida —el soberano
Señor dice— y dispón de todo el resto.
Y el demonio se parte alegre, ufano.
  Y con hediondas llagas cuerpo y gesto
hiriéndole cruel, le cubre todo

bien como lo llevaba presupuesto.
 Mas él, perseverando en su buen modo,
tomó para raerse una corteza,
sentándose en vil polvo, en torpe lodo.
 —¿Y dudas todavía en tu simpleza?
—entonces su mujer le dijo airada—.
¡Ahógate ya y sal de tu bajeza!
 —Hablaste como hembra mal mirada,
—responde—, que ¿por qué do el bien recibo,
la pena huiré cuando me es dada?
 Si Dios nos place, bueno, ¿por qué, esquivo,
nos ha de desplacer? —En tal manera
el sancto no ha pecado en cuanto escribo.
 La fama voladora y pregonera
en mil naciones cuenta, en mil oídos
de Job la desventura grave y fiera.
 Por do tres sus amigos conmovidos,
Elifaz, temanés, y Zofarano,
de Amatós, y Bildad, que en los tendidos
 Suguises imperaba, con humano,
intento se disponen, aviniendo
mover en su consuelo boca y mano.
 Y ya que se acercaban, extendiendo,
los ojos, a Job vieron, y espantados
quedaron, lo que vían no creyendo.
 Y levantando el lloro, y sus preciados
mantos rasgando, polvo en sí esparcieron
y al cielo le lanzaron a puñados.
 Y atónitos doliéndose estuvieron
callando muchos días, sin que alguno
su boca desplegase, porque vieron
cuán grande es su dolor, cuán importuno.

Capítulo III

Job, al fin, rompe el silencio, y maldice el día en que nació y su suerte dura, no por desesperación ni por impaciencia, sino por aborrecimiento de los trabajos de la vida y de su condición miserable, sujeta por el pecado primero a tan desastrados reveses. Y así dice que es mejor el morir que el vivir, y la suerte de los muertos más descansada mucho que la de los vivos; y refiere cuán sin pensar, y a su parecer, sin merecerlo, vino sobre él este mal.

    Al fin, creciendo en Job el dolor fiero,
gimió del hondo pecho y, convertido
al cielo, lagrimoso habló el primero.
    Y dijo maldiciendo: «¡Ay!, destruido
el día en que nací y la noche fuera,
en que mezquino yo fui concebido».
    Tornárase aquel día triste en fiera
tiniebla, y no le viera alegre el cielo,
ni resplandor de luz en él luciera;
    Tuviérale por suyo en negro velo
la muerte rodeada, para asiento
de nubes, de amargor, de horror, recelo.
    Y aquella triste noche no entre en cuento
con meses ni con años, condenada
a tempestad escura y fiero viento.
    Fue noche solitaria y desastrada,
ni canto sonó en ella ni alegría,
ni música de amor dulce, acordada.
    Maldíganla los que su amargo día
lamentando maldicen, los que hallaron
al fin de su pescar la red vacía.
    En su alba los luceros se añublaron,
el Sol no amaneció, ni con la aurora
las nubes retocadas variaron;
    Pues de mi ser primero en la triste hora
no puso eterna llave a mi aposento,

y me quitó el sentir el mal de agora.
　¿Por qué no perecí luego, al momento
que vine a aquesta luz? ¿Por qué, salido
del vientre, recogí el común aliento?
　¿Por qué de la partera recibido
en el regazo fui? ¿Por qué a los pechos
maternos fui con leche mantenido?
　Que si muriera entonces, mil provechos
tuviera; ya durmiendo descansara,
pagara ya a la muerte sus derechos.
　Con muchos altos reyes reposara,
con muchos poderosos, que ocuparon
los campos con palacios de obra rara;
　Y con mil ricos hombres que alcanzaron
del oro grandes sumas, hasta el techo
en sus casas la plata amontonaron.
　¡Oh, si antes de nacer fuera deshecho,
y cual los abortados niños fuera
que del vientre a la huesa van derecho!
　A do, repuesta ya la vista fiera,
el violento yace, y los cansados
brazos gozan de holganza verdadera;
　A do, de las prisiones libertados
están los que ya presos estuvieron,
sin ser del acreedor más aquejados.
　Los que pequeños y los que altos fueron,
mezclados allí son confusamente;
no tienen amo allí los que sirvieron.
　Que ¿para qué ha de ser el Sol luciente
un miserable? ¿Y para qué es la vida
al que vive en dolor continamente;
　Al que desea ansioso la venida
de la muerte que huye, y la persigue
más que la rica vena es perseguida:

Al que se goza alegre, si consigue
el fenecer muriendo, y si le es dado
hallar la sepultura, aqueso sigue;
   Al que es, como yo, triste, a quien cortado
le tienen el camino, y uno a uno
los pasos con tinieblas le han cerrado?
   Mi hambre con sospiros desayuno;
y como sigue al trueno, a mis gemidos
así sigue una lluvia de importuno.
   Lloro, que me consume. ¡Ay! ¡Cuán cumplidos
veo ya mis temores!; ¡cuán ligeros,
cuán juntos en mi daño y cuán unidos!
   ¿En qué merecí yo males tan fieros?
¿Por dicha no trate templadamente
con el vecino y con los extranjeros?
¡Y soy ferido ansí severamente!

Capítulo IV
Ofendiéronse los amigos de Job de estas postreras palabras en que parece justificarse; y Elifaz, tomando la mano por todos, pídele primero licencia para hablar, y después, repréndele, lo uno de que se queje tan agriamente, y lo otro, de que ponga en duda la causa por qué es ansí castigado, como sea notorio, según él dice, venir siempre los malos sucesos a los hombres por sus pecados. Y finalmente le amonesta a que no se justifique delante de Dios, y cuéntale lo que en visión acerca de todo le fue dicho.

    Elifaz de aqueste fin mal ofendido,
después de con los ojos haber dado
señas a los amigos, con fingido
    Hablar, revuelto a Job: «Aunque pesado
y grave el disputar te será agora
—dice—, ¿quién callará lo que ha pensado?
    ¿Qué es esto? ¿Y eres tú el que antes de hora
a todos consejabas? ¿Los caídos
alzabas con tu voz consoladora?
    ¿Eres por quien los brazos decaídos
cobraron nueva fuerza, y el medroso
temblor huyó los pechos afligidos?
    Para otros sabios y para ti faltoso,
quebraste al primer toque, y un avieso
caso nos descubrió tu ser ventoso?
    ¿Por dicha no demuestra este suceso
que tu deréchez era burlería,
tu religión, tu vida y tu proceso?
    ¿Qué sirve preguntar cuál culpa mía
es digna de este mal? ¿Qué justo ha sido
cortado en la sazón que florecía?
    Como, al revés, ha siempre acontecido
que el hacedor del mal recoge el fruto,
conforme a la simiente que ha esparcido.
    Su gozo se convierte en triste luto,

en soplando el Señor; ante su aliento
el mal verdor se torna seco, enjuto.
   Al bramador león en un momento
y a la fiera leona vuelve mudos,
y quiebra al leoncillo el diente hambriento;
   Y quita de las uñas a los crudos
tigres la amada presa, y desparcidos
los pobres hijos van de bien desnudos.
   No te pregones justo. En mis oídos
sonó lo que diré, y a malas penas
cogieron parte dello mis sentidos.
   Cuando tintas del negro humor las venas
carga la pesadilla al hombre, y cuando
la noche ofrece formas de horror llenas;
   Adentro de los huesos penetrando
un súbito pavor me sobrevino,
y sin saber de qué quedé temblando.
   Y como soplo, un aire peregrino
pasó sobre mi rostro, y cada pelo
se puso en mí más yerto que el espino.
   Y apareció ante mí, en escuro velo,
en pie, no supe quién; vi una figura,
oí como una voz que aguza el duelo.
   Y dijo: ¿A par de Dios por aventura
se abonará el mortal? ¿La vida humana
ante su Facedor mostrarse ha pura?
   Si no dio a su familia soberana
constancia duradera, y si no puso
en sus ángeles luz del todo sana,
   ¿Cuánto menos al hombre, que compuso
de polvo, que en terrena casa mora,
que el ocio le entorpece y gasta el uso;
   Que nace como flor por el aurora
y en la tarde marchito, desparece

y no queda dél rastro en breve hora,
   Porque no tiene apoyo? Ansí acontece
al escogido, al vil; ansí el preciado
y el miserable vulgo ansí perece;
y en esto es como los brutos igualado».

Capítulo V

Prosigue Elifaz en su razón y pide a Job que le muestre qué hombre santo haya sido maltratado de Dios, como le mostrará el haberlo sido siempre los que son malos; que cual es cada uno, así le acontece. Y amonéstale después de esto que, vuelto a Dios, haga penitencia. Y le asegura de su favor si así lo hiciere.

Y añade: «Pero si no soy creído
llama quien te defienda (si parece
alguno), o di, ¿cuál sancto cual tú ha sido?
 Cual vive, a cada uno así acontece;
a manos de su antojo el tonto muere;
el malo y revoltoso en lid perece.
 Por más bien arraigado que estuviere
el malo, si le veo, le maldigo,
y más cuanto más rico y feliz fuere.
 ¡Ay! ¡Cuán amargo trueque, ay triste, digo,
te espera! ¡Que tus hijos condenados
por cárceles irán sin bien ni abrigo!
 Langostas comerán los tus sembrados,
ni el seto los defiende ni la espina;
tus bienes del ladrón serán robados.
 Que cierto es que la tierra no es malina
de suyo, ni jamás produce el suelo
por culpa suya mal o cosa indina.
 El hombre es solo aquel a quien de suelo
le viene el producir por culpa pena,
como es a la centella proprio el vuelo.
 Yo juzgo que el valor, la suerte buena,
es el buscar a Dios; en el su oído
mi voz y mi oración contino suena.
 Gran Hacedor de hazañas que en sentido
no caben, de proezas cuyo cuento
no puede ser por sumas recogido;
 Levanta adelgazando el elemento

del agua, y, vuelto en lluvia, le derrama
por la faz de la tierra en un momento;
   Del polvo sube en alto, y encarama
a la bajeza humilde, y al cercado
de noche torna a luz y buena fama;
   Desata y desbarata el avisado
intento del engaño, y no consiente
que consiga el traidor lo deseado.
   Con sus artes enlaza al más prudente
con sus avisos mismos, y la liga
destruye de la falsa y mala gente.
   La luz se le ennegrece y da fatiga,
y, como en noche escura estropezando,
no sabe el resabido por do siga.
   Valiente salvador del pobre, cuando
le oprime ya el tirano, cuando el crudo
cuchillo encima dél va relumbrando.
   Es para el desarmado fiel escudo;
al solo es rico bien, rica esperanza,
al opresor burlado deja y mudo.
   ¡Dichoso el hombre que de Dios alcanza
ser corregido aquí! Por esto, amigo,
sufre su disciplina con templanza.
   Que si te pasa el pecho tu enemigo
fiero, te sanará su blanda mano;
hará venir el bien tras el castigo.
   De los trabajos seis el Soberano
victoria te dará; del mal seteno
te sacará gozoso, alegre y sano.
   Él te sustentará, si el muy sereno
cielo quemare el campo; en el sonido
al arma te pondrá dentro en su seno.
   Guardado te tendrá y como escondido
de la perversa lengua; sano y ledo,

si el aire te dañare corrompido.
   Si la tierra temblare, estarás quedo;
si la asolare el robo, tú seguro
ni de las bestias fieras habrás miedo.
   Aun los peñascos mismos, aun el duro
roble te acatarán, y la fiereza
se volverá contigo en amor puro.
   De paz verás cercada y de nobleza
tu casa; y mirarás con diligencia,
y falta no verás en tu grandeza.
   Verás multiplicar tu descendencia,
tus pimpollos crecer, cual crece el heno,
a quien el cielo mira con clemencia.
   En la fuesa entrarás de días lleno,
maduro y bien granado, como espiga
cogida con sazón en año bueno.
   Aquesto (la verdad que yo te diga)
es todo cuanto alcanzo y cuanto hallo,
y cierto es ello ansí. Tu oreja siga
mi voz; tu pecho empléese en pensallo».

Capítulo VI

Job, de nuevo lastimado con la plática de Elifaz, que oía sus quejas y no sentía sus dolores, desea que lo uno y lo otro pudiera poner cada uno en su balanza, para que así se viese cuánto es más lo que le duele que lo que se queja. Desea acabar ya con la vida; laméntase del poco consuelo que halla en sus amigos, y dice:

  Los ojos en Lifaz como enclavados,
de nuevo dolor lleno y de amargura,
los brazos sobre el pecho ambos cruzados.
  «¡Ojalá —dice Job— que mi ventura
tal fuera que en un peso se pesara
mi queja juntamente y suerte dura!
  Entonces vieras tú cuál traspasara
a cuál: cuánto es mayor el mal que siento
que el lloro, y que la voz me desampara.
  Agudos pasadores, ¡ay!, sin cuento
me beben sangre y vida ponzoñosos;
soy de dolores mil amargo asiento.
  ¿Bramó por yerba, dime, en los viciosos
bosques el corzo? O di: ¿dio el buey bramido
en los pesebres llenos, abundosos?
  ¿O viste que pudiese ser comido
lo amargo? ¿O que lo soso y desalado
no pareciese a todos desabrido?
  Ni el que está alegre llora, ni el cuitado
puede callar su mal. Y ansí agora,
si querelloso estoy, estoy llagado.
  ¡Oh, quién me concediese en esta hora
aquello que demando! ¡Oh, si cumpliese
mi voluntad el que en lo alto mora!
  Que pues lo comenzó, me deshiciese:
que a su mano soltase ya la rienda,
y que en menudas piezas me partiese.

    Y me consuele en esto, que no atienda
a si me dolerá, sino que acabe,
seguro que yo nunca me defienda.
    ¿Que cuál es mi valor para en tan grave
mal no desfallecer? ¿Qué valentía
para durar al fin que no se sabe?
    ¿Por dicha es de metal la carne mía?
¿Soy bronce, soy acero, o mi dureza
con la del pedernal tiene porfía?
    Ni en mí para valerme hay fortaleza,
ni en los amigos hallo algún consuelo,
sino, en lugar de amor, fiera extrañeza.
    O ¿quién viendo al amigo por el suelo
olvida la amistad? El tal, osado
será a poner las manos en el cielo.
    Mis deudos como arroyo me han faltado,
como arroyos que corren de avenida
por los valles con paso acelerado.
    Van turbios con la escarcha derretida,
van turbios y crecidos con el hielo
y nieve, que en sí llevan ascondida.
    Mas dende a poco tiempo, como en vuelo
se pasan y deshacen, al estío
por do pasaron, seco queda el suelo.
    Por do sonaba hinchado un grande río,
el paso va torciendo una delgada
vena, que falta, y queda al fin vacío.
    Mirólos desde lejos la calzada
de Temano, mirólos el camino
de Arabia, la en riquezas abastada.
    Violos el caminante, a ellos vino
con sed: cuando llegó ya se han pasado;
confuso condenó su desatino.
    Tal es lo que conmigo habéis usado;

veniste a aliviarme, y sin alguna
causa mi duelo habéis acrecentado.
   ¿Dije, por aventura, dadme una
parte de vuestro haber? ¿Mi voz ha sido
en algo pedigüeña o importuna?
   ¿O he que me librásedes querido
de algún grave enemigo temeroso?
¿Qué bien o qué rescate os he pedido?
   Hablad, si tenéis qué, que con reposo
os prestaré atención: decidme agora
si os he pecado en algo o soy penoso.
   ¡Oh, cómo es poderosa y vencedora
en toda la verdad! ¡Oh, cómo en nada
me empece vuestra voz acusadora!
   En vuestro imaginar está fundada
vuestra reprehensión; de solo el viento
moviste contra mí la voz airada.
   El caso es que, en cayendo uno, al momento
todos son contra él. ¿A un herido,
a un amigo vuestro dais tormento?
   Quered bien atender a mi gemido,
mirad mi razón toda atentamente,
veréis que con vosotros no he excedido.
   O, si os place, tornemos blandamente
a razonar sobre ello, tornad luego;
veráse mi razón más claramente.
   No torcerá jamás por mal, por ruego
mi lengua a la maldad; que si me duelo,
si lloro, soy de carne y ardo en fuego,
y siento como cuantos tiene el suelo.»

Capítulo VII

Prosigue Job en su querella, y relata muy por menudo sus males todos, y, vuelto a Dios, suplícale que les ponga fin, o acabándolos o acabándole.

«¡Ay! ¡No tuviera el hombre un señalado
tiempo para morir! ¡Ay! ¡No tuviera
como el obrero tiene un fin tasado!»
   Con el deseo que la sombra espera
el siervo trabajado, o el jornalero,
que el Sol fenezca, aguarda, su carrera,
   Ansí esperando yo el día postrero,
en vano muchos meses he contado,
mil noches he tenido en dolor fiero.
   Cuando me acuesto digo: Ya es llegado
mi fin, no hay levantar; y a la mañana,
no hay tarde, y a la fin quedo burlado.
   Alárgase mi mal, toda es temprana
hora para mi fin, aunque vestido
de podre estoy ni tengo cosa sana.
   Cual lanzadera en tela, ansí han corrido
mis días descansados; mi contento
voló, y el mi esperar en vano ha sido.
   ¡Ay! Miémbrate de mí, Señor, pues viento
conoces que es mi vida y que, pasada,
no tornaré a gozar de luz, de aliento.
   No me podrá más ver vista criada;
si un poco tu clemencia más se olvida,
cuando me querrás ver, no verás nada.
   Llovió, y pasó la noche. Ansí es la vida;
ansí quien una vez bajó la escura
región, no halla vuelta ni subida.
   Ni torna más a ver la hermosura
de su dorado techo y alta casa,
ni le conoce más su misma hechura.

Si no yo menos puedo poner tasa
a mi doliente voz, diré mi pena,
diré cuánto amargor el alma pasa.
¿Qué es esto? ¡Ay!, di, Señor, ¿yo soy ballena?
¿Soy mar, que a cada lado, a cada parte
yo encuentro en el dolor, ella en la arena?
Si digo: Del dulzor que el sueño parte
mi lecho no será escaso conmigo,
allí podré olvidar de mi mal parte.
Con temerosas formas enemigo
me tornas el descanso ansí espantoso,
que el despierto dolor por bueno sigo.
El lazo estrecho y crudo por sabroso
escoge el alma mía y cualquier suerte,
y no este cuerpo flaco y doloroso.
Aborrezco el vivir, amo la muerte;
y pues es fin forzoso, ¡ay!, venga luego,
no guarde un ser tan vil tu mano fuerte.
¿Cuál es sino bajeza el hombre y juego,
para que cuide dél tu providencia,
o le deshaga el hierro o queme el fuego;
Para que en la alborada con clemencia
le mire cada día, y le remire
por horas, por momentos, tu excelencia?
¡Ay! ¿Cuándo has de acabar? O se retire
de vida sostener tan miserable
tu mano, o dame aliento en que respire.
Si dicen que pequé, tu ser estable,
¿qué pierde, para que por blanco opuesto
me tengas y hecho peso intolerable
A mí mismo? ¡Ay!, Señor, amansa presto,
amansa ya tu brazo rigoroso,
no tengas ya en tus ojos mi mal puesto.
¿No ves que si te tardas vagaroso,

hoy me pondré a dormir en este suelo;
y, al alba, si me buscas piadoso,
no hallarás de mí ni solo un pelo?

Capítulo VIII

Toma la mano otro de los amigos de Job, llamado Bildad; y como si Job hubiera acusado de injusto a Dios, así vuelve por su igualdad y defiende sus partes, afirmando que ni la maldad, por más que se disimule con apariencia de bien, florece, ni la virtud perece aunque más la persigan; porque Dios justo da siempre favor al que lo merece. Dice:

    Aquí Bildad airado abrió la boca:
«¿Qué fin ha de tener tu parlería
—dice—, tu presunción ventosa, loca?
    ¿Hizo jamás Dios sobra o demasía?
¿Torció el derecho a nadie? ¿Armó la mano,
faltándole razón, con tiranía?».
    Si ciegos de su error tus hijos, vano,
pecaron contra él, él justamente
también se les mostró crudo, inhumano.
    Y tú si con cuidado diligente
agora despertares tus sentidos,
si a Dios los convirtieres humilmente;
    Si con pura limpieza en sus oídos
sonares, él también de madrugada
te colmará de bienes escogidos;
    Y quedará zaguera tu pasada
felicidad, riqueza y buena suerte
con tus postrimerías comparada.
    Pregunta a los ancianos, ve y convierte
tus ojos por los siglos ya primeros,
en los antiguos casos mira, advierte
    Que nos ayer nacimos, y ligeros
volamos más que sombra y como el viento
y en el saber quedamos muy postreros.
    Ellos te enseñarán con largo cuento;
ellos te hablarán, y del divino
pecho producirán razonamiento.

    Diránte que es notorio desatino
pedir verdor al junco ni hermosura,
que no está junto al agua de contino.
    Que si parece estar en su frescura,
sin que le toque el hierro ni la mano,
primero que ninguna otra verdura
    Se seca. Y que ansimismo el ser liviano
perece de cualquier que a Dios olvida,
de todo falso hipócrita profano;
    Al cual su vanidad a conocida
calamidad conduce, y su esperanza
es tela a do la araña hace su vida;
    A do el flaco animal, cuando el pie lanza,
no halla do estribar; y aunque procura,
caído, levantarse, no lo alcanza.
    También te enseñarán que, cuando dura
a la planta el humor y el Sol benino
la mira, crece en ramos y frescura.
    Y abriendo por las piedras da camino
a sus firmes raíces, y enredada
las pasa como acero agudo y fino.
    Y si por caso alguna es arrancada
de su lugar, así que quien la vido
diga: No queda rastro ni pisada;
    Entonces es su gozo más crecido;
por uno, mil pimpollos vigorosa
levanta de entre el polvo removido.
    Ello es verdad perpetua, no dudosa;
jamás a la bondad Dios desampara,
jamás a la maldad hace dichosa.
    No le dejes tú a Él, que Él nunca para
hasta que de loor te colme el pecho,
hasta que bañe en gozo boca y cara.
    Los enemigos tuyos al despecho

entregará confusos: que el estado
del bueno nunca viene a ser deshecho,
ni el del malo jamás es prosperado.

Capítulo IX

Responde Job a Bildad. Confiesa que es Dios justo, y dice grandes cosas de su saber y poder; mas con ser Dios justo, está firme en decir que él no ha pecado conforme a lo que padece, y encarece lo que padece por nueva manera.

«Confieso que es ansí, que nadie es parte,
si Dios —respondió Job— al hombre acusa,
a con justa razón guardar su parte.»
   Que quien con Él baraja, si ya usa
de todo su saber, dará turbado
por mil acusaciones una excusa.
   Es de corazón sabio, está dotado
de poderosa fuerza; ¿quién presume,
trayendo lid con él, gozar su estado?
   Los montes encumbrados trueca y sume
con tan presto furor, que apenas vieron
el golpe descender que los consume.
   En tocando Él la tierra, estremecieron
los fundamentos de ella, y conmovidos
de su lugar eterno y firme fueron.
   Manda al Sol que recoja sus lucidos
rayos, y no los muestra; y los sagrados
ardores por Él son escurecidos.
   Él tiende el aire puro, desplegados
los cielos son por Él, y va y camina
por cima de los mares más hinchados.
   Él solo cría el Norte y la Bocina
y el Carro, y del austral contrario Polo
la retirada estrella peregrina.
   Poderoso obrador de lo que Él solo
entiende, de sus obras y grandeza
comenzó el hombre el cuento, mas dejólo.
   Pondráseme delante, y mi rudeza

no le conocerá, subirá el vuelo,
y no le entenderé; tal es su alteza.
    Pues si de algo asiere, ¿quién del suelo
le quitará la presa? ¿Cuál osado
razón demandará al que tuerce el cielo?
    No enfrena con temor su pecho airado;
que del mundo lo alto y lo crecido
debajo de sus pies tiene humillado.
    Pues ¿cuándo o cómo yo seré atrevido
de razonar con Él? Para su audiencia,
¿qué estilo hallaré tan escogido?
    Que ni sabré tornar por mi inocencia,
por más que limpio sea; mas tremiendo
le rogaré que juzgue con clemencia.
    Y puede acontecer también que habiendo
llamádola responda, y yo no crea
ni sepa que a mi voz dio entrada, oyendo.
    Él como torbellino me rodea,
y empina y bate al suelo, y presuroso
en añadir dolor en mí se emplea.
    No me concede un punto de reposo,
ni un solo recoger el flaco aliento;
en amargarme solo es abundoso.
    Ansí que si va a fuerzas, no entra en cuento
la suya; si a derecho, no hay criado
que parezca por mí en su acatamiento.
    Seré yo por mi boca condenado,
si hablo en mi defensa; limpio y puro
será, y convencerá que soy culpado.
    Yo mismo no estaré cierto y seguro
de mi justicia misma; lo más claro
de mi vida tendré por más escuro.
    Mas lo que he dicho y digo es que al avaro,
al liberal, al malo, al virtuoso

le rompe de la suerte el hilo caro.
　　Mas ya que el destruirme le es sabroso,
acábeme de una, y no haga juego
del mal de quien jamás le fue enojoso.
　　Andáis mal engañados: hace entrega
del mundo, si le place, al enemigo
injusto, que lo pone a sangre y fuego,
　　Y lo trastorna todo, y no hay testigo
ni vara que se oponga a su osadía.
Decid: ¿quién se lo dio si no es quien digo?
　　Y a mí que no he pecado, el corto día
me huye de la vida más ligero
que posta, y más que sombra mi alegría.
　　No corre así el navío más velero,
ni menos así vuela y se apresura
a la presa el milano carnicero.
　　Ni en el pensar jamás tuve soltura;
jamás dije entre sí, quiero yo agora
hurtarme el sobrecejo a la cordura.
　　No me desenvolví siquiera una hora;
que siempre ante mis ojos figurada
tu mano truje y fuerza vengadora.
　　Mas si, como decís, soy malo, nada
me servirá el rogar, porque si fuese
justo, no lo seré si a Él le agrada.
　　Si puro más que nieve emblanqueciese,
si más que la limpieza misma todo
en dichos yo y en hechos reluciese,
　　Ante Él pareceré con torpe lodo
revuelto y sucio; ansí que mi vestido
huya de mí con asco en nuevo modo.
　　¡Ay!, que no es otro yo, no igual ceñido
de carne, con quien pueda osadamente
ponerme a pleito, oír y ser oído.

Ni menos hay persona, no hay viviente,
que medie entre los dos, que nos presida,
que mida a cada uno justamente.
   Ponga su vara aparte, su crecida
saña no me estremezca; y yo me obligo
a entrar con Él en cuenta de mi vida;
mas ansí como estoy, no estoy conmigo.

Capítulo X

Prosigue Job quejándose y, vuelto a Dios, queréllase con Él, y pídele que mitigue su ira y le deje respirar siquiera un poco, y dice:

«Este vivir muriendo noche y día
así me enfada ya, que sin respeto
la rienda soltaré a la lengua mía.
Diré mis amarguras, mi secreto:
¡Señor! ¿Condenarás a un no oído?,
¿ni me darás razón de aqueste prieto?
¿Es bueno ante tus ojos, oprimido
tener con violencia al que es tu hechura,
y dar calor al malo, a su partido?
¿Tus ojos son de carne por ventura?
¿Tu vista es cual la humana? ¿Tu juzgado,
tu ser es como el ser de criatura?
¿Pesquisas lo que dudas engañado
por dicho o por sospecha? ¿Manifiesto
no sabes que jamás te fui culpado?
¿No sabes mi inocencia? Mas ni aquesto,
ni fuerza ni saber alguno humano
descargan de mis hombros lo que has puesto.
Tus dedos me formaron; con tus manos,
Señor, me compusiste a la redonda,
¿y agora me despeñas inhumano?
Acuérdate que soy vileza hedionda:
del polvo me feciste, y cuán en cedo
harás que el mismo polvo en sí me absconda.
Como se forma el queso, ansí yo puedo
decir que de una leche sazonada
me compusiste con tu sabio dedo.
Vestísteme de carne cubijada
de cuero delicado, y sobre estables
huesos con firmes nervios asentada.

Vida me diste y bienes no estimables;
con tu visita dura y persevera
mi huelgo flaco y días deleznables.
   Bien sé que no lo olvidas, ni está fuera
de tu memoria aquesto, y que en tu pecho
mora lo que será, lo que antes era.
   Si te ofendí, Señor, bien me has deshecho;
si cometí maldad, a buen seguro
que no me iré loando de lo hecho.
   Y si fui pecador, ¡ay!, ¡cuánto es duro
mi azote! Y si fui justo, ¿qué he sacado
más de miseria amarga y dolor puro?
   El cual como león apoderado
de mí, me despedaza; mas soy luego
por Ti para más pena renovado.
   Con milagrosa mano en medio el fuego,
por prolongar mi duelo, me sustentas,
y muero siempre, y nunca al morir llego.
   Renuevas mis azotes, y acrecientas
tus iras, y mudándolos contino,
con un millón de males me atormentas.
   ¡Ay!, di: ¿qué voluntad, Señor, te vino
de producirme a luz? ¡Ay! ¡Feneciera
antes que comenzara a ser vecino
   Del mundo, y que mortal ojo me viera,
y el vientre se trocara en sepultura,
y como el que no fue, jamás yo fuera!
   Mas pues lo poco que mi vivir dura
conoces, ten, Señor, la mano airada;
dame un pequeño espacio de holgura,
   Antes que dé principio a la jornada
para nunca volver: antes que vea
la tierra triste de negror bañada;
   La tierra negra tenebrosa y fea,

de confusión y de desorden llena,
falta de todo el bien que se desea,
adonde es noche, cuando más serena.»

Capítulo XI
Sofar, el tercero de los amigos de Job, toma la mano, y repréndele como los demás con ásperas palabras; llámale arrogante, pide a Dios que le confunda; dice mucho del poderío de Dios, y, a la fin, amonéstale a que haga penitencia, y prométele buena dicha, si la hace.

«¡Oh cuánto, Job, lo tienes mal pensado,
si por juntar palabras no argüido,
si piensas por hablar no ser culpado!
 —Dijo el Sophar, nemano— Di: ¿rendido
todo te callará? ¿Tú solo, haciendo
burla, serás de nadie escarnecido?
 ¿Di, falto, no sonó tu voz diciendo:
Soy libre de maldad; soy limpio y puro
en obras en palabras reluciendo?
 ¡Oh! ¡Si rompiese Dios su velo escuro,
y puesto en clara luz y boca a boca
hablase con tu pecho terco y duro;
 Y descubriese a tu arrogancia loca
su abismo de saber, su derecheza,
y cómo a tu maldad su pena es poca!
 ¿Por caso has apeado su honda alteza?
¿Al último poder y ser divino
por dicha penetró tu gran viveza?
 Subido es más que el cielo cristalino;
¿pues cómo llegarás? Es más profundo
que el centro; ¿qué fará tu desatino?
 Si mides de una parte a otra el mundo,
mayor es su medida, y con su anchura
compuesto el ancho mar es muy segundo.
 Si todo lo talare y si en escura
cárcel cerrado todo lo escondiere,
¿habrá que se le oponga criatura?
 Cuanto el mortal y vano pecho hiciere

 Él lo conoce y cala sus intentos,
y entiende aun el que a sí no se entendiere.
 Que el hombre es vanidad; sus pensamientos
carecen de sostancia, y es movido
como salvaje bruto a todos vientos.
 Mas dígote, que si hora, convertido,
te vuelves con estable y firme pecho,
y tiendes y los brazos y el gemido;
 Si alejas de tu mano y de tu hecho
a toda la maldad; si el desafuero
no reposare más dentro en tu pecho;
 Podrás alzar al cielo puro, entero
el rostro, y sin mancilla y confiado,
no te pondrá temor ningún mal fiero.
 Y tú, de aquestos duelos olvidado,
no quedará en ti de ellos más memoria
que de las aguas raudas que han pasado.
 Será cual mediodía y más tu gloria;
y si rodare el tiempo, como aurora
dará más luz creciendo tu memoria.
 Seguro morirás, pues se mejora
tu suerte, y como si cavado hubieras,
así te será el sueño de aquella hora;
 Sin miedo que figura o voces fieras
te asombren o te rompan tu reposo,
descansarás las horas postrimeras.
 Colgados de tu amparo provechoso
te acatarán los tuyos, los extraños,
con que será tu nombre más glorioso.
 Mas ¿quién dirá del pecador los daños?
El miedo le consume vida y ojos;
guarida le fallece, y de sus años
el fin son males crudos más que abrojos.»

Capítulo XII
Responde Job a Sofar, y con algún más desprecio que a los demás amigos, porque se mostró más arrogante que ellos. Muestra que él no desconoce el poder y saber de Dios, grandísimo, y así dice de Él muchas grandezas por hermosa manera; mas insiste siempre en decir que no siempre es pecador el que es afligido y maltratado.

  Torciendo Job el rostro, dice: «El mundo
sin duda en vos se encierra, y acabado
con vos todo el saber irá al profundo.
  Y yo de entendimiento soy dotado,
y no menos que vos, a lo que creo,
ni quedo en decir esto muy loado.
  Mas pues tan sabio sois, ¿no veis que es feo
reír de un vuestro amigo en tal fortuna?
¿No veis que Dios no oirá vuestro deseo?
  Atiéndeme: una tea ardiendo, o una
atocha en rico techo es abatida,
y guía bien los pies cuando no hay Luna.
  No porque es maltratada fue perdida
mi vida, ni soy malo aunque azotado;
que a veces la bondad es afligida.
  ¿No viste alguna vez de bien colmado
el techo del logrero, y del que adora
el dios que con su mano ha fabricado?
  Mas Dios es poderoso, ¿quién lo ignora?
El ave lo dirá, que el aire vuela,
la fiera que en los bosques altos mora.
  La tierra torpe y bruta es como escuela
que enseña esa verdad, el mar tendido,
y cuanto pez por él nadando cuela.
  ¿A qué cosa criada es escondido,
que Dios con poderosa y sabia mano
crió la tierra y cielo y Sol lucido;

    Y que de su gobierno soberano
la vida del viviente está colgando,
y el soplo que gobierna el cuerpo humano?
    De cuanto razonáredes hablando
la oreja es el juez, y en los sabores
el gusto es el que tiene el cetro y mando.
    Los viejos son muy grandes sabidores;
los días y los años prolongados
en caso de saber con los mejores.
    Mas mucho más en Dios aposentados
están todo el saber y valentía
con otros mil tesoros encerrados.
    Lo que en su mano airada al suelo envía
no se edifica más; lo que Él encierra,
cerrado quedará de noche y día.
    Secáronse las fuentes y la tierra,
cuando Él detiene el agua, y cuando quiere,
lanzándola, destruye campo y sierra.
    Puede cuanto le place, y cuanto hiciere
es ley; y ni a sufrir ni a poner lloro
es parte algún mortal, si Él no quisiere.
    Desnudos dejará de su tesoro
los pechos donde el seso y ley moraba,
y convirtió en vil soga el cinto de oro.
    El cinto tachonado, que cercaba
los lomos del tirano, desatado,
le muda en vestidura pobre esclava.
    Del sacerdocio santo y despojado
por Él va el sacerdote, y por su mano
el brazo poderoso es quebrantado.
    A todo el buen decir del pecho humano
deslengua, y, si le place, en desvarío
convierte el saber todo y seso anciano.
    Derrama de desprecios como un río

encima de los que resplandecían
subidos o en linaje o señorío.

   Y los que en honda noche se sumían
los pone en clara luz, y saca al cielo
a los que los abismos escondían.

   Ya multiplica el pueblo, ya con duelo
lo mengua, y ya lo esparce y lo destierra,
y lo reduce ya a su proprio suelo.

   A las cabezas altas de la tierra
las ciega, y por los yermos sin camino
las lleva sin saber a do el pie yerra.

   Como el que en noche escura pierde el tino,
y abraza, por valerse, el aire en vano,
ansí van; y cual el que manda el vino,
que rompe aquí ya el pie, ya allí la mano.»

Capítulo XIII

Concluyendo Job en el principio de este capítulo lo que platicaba en el pasado, dice que por lo dicho conocerán su saber. Y volviéndose a todos tres, los reprende como a hombres que lisonjeaban a Dios, procurando defender su justicia con poner culpa en él sin tenerla; siendo así que Dios no se agrada de la mentira, ni tiene necesidad de ella para defender lo que hace. Y ansí los deja como a hombres ni bienintencionados ni sabios. Y vuelto a Dios, se le queja de que sin oírle le castiga y le sujeta a la pena sin preceder cargo de culpa.

Y dijo prosiguiendo: «Todo aquesto
lo sé por vista de ojos, y me ha sido
con voces verdaderas manifiesto.
   Que si entendido sois, soy entendido;
si sabio, yo soy sabio; y si avisado,
de vuestro aviso el mío no es vencido.
   Mas, por decir verdad, si ya otorgado
me fuese del Señor, con Él deseo
hablar y deslindar en qué he pecado.
   Que en vos y en vuestros dichos solo veo
un modo de mentir artificioso,
un colorar lo falso con rodeo.
   ¡Oh, cuán más sano os fuera y más honroso
callar, y ansí callando, ser tenidos
por hombres de prudencia y de reposo!
   Prestadme, pues, un rato los oídos;
mirad bien lo que arguyo, y cómo quiero
mostrar vuestros errores ascondidos.
   Decidme: ¿en qué ley vistes o en qué fuero
que defendáis a Dios con la mentira,
que honréis con falsedad al Verdadero?
   ¿El pleito perderá, si no se mira
y si no se respeta su persona?
¿Si no le defendéis, su causa expira?
   ¿Pensáis que la mentira en Él se abona,

o, como la lisonja al hombre agrada,
ansí le place a él y la perdona?
   Con faz y con palabra dura, airada,
si la verdad torcéis por su respeto,
será vuestra razón por Dios turbada.
   ¿Habrá por aventura en vos sujeto
al golpe de su azote, o por ventura
su espanto en vuestro pecho no hace efeto?
   Será vileza y polvo vuestra altura,
serán vuestras razones afiladas,
el artificio vuestra vil basura.
   Callad, no habléis de mí, que a mí son dadas
las voces de mis duelos; yo las quiero,
si malas por vosotros son juzgadas.
   Porque si en mí las cuezo, yo me muero,
yo rabio y me consumo y me deshago,
y con mis dientes depedazo el cuero.
   Hundirme ha, si me quejo, yo lo trago;
diréle mi inocencia; darme ha vida,
que al malo repartió y al bueno el pago.
   Mas sea de vosotros recibida
mi voz; oídme bien lo que ora os digo,
y sea mi razón bien entendida.
   En tela de juicio yo me obligo,
si oigo y si respondo según fuero,
salir libre de culpa y de castigo.
   Mas cargo no me hace como a reo,
ni quiere pleitear conmigo un día;
y así padezco y callo y triste muero.
   Dos cosas, ¡oh Señor!, de mí desvía;
de dos cosas me libra y me asegura,
y trataré ante Ti la causa mía.
   Aparta allá tu azote y mano dura;
no me lastimes, no, ni con espantos

me vuelvas la luz clara en noche escura.
  Mis males uno a uno, todos cuantos
he hecho me demuestra, y oye luego:
o hablo yo, y responde tú a mis llantos.
  Dime con claridad, Señor, te ruego,
cuáles y cuántas son las culpas mías,
las culpas que merecen este fuego.
  ¿Qué fice que ansí encubres y desvías
tus ojos de mi rostro, y como aleve
me huyes y las noches y los días?
  ¿Quebrantas una hoja frágil, leve,
y en contra de una astilla vil, liviana,
tu grandeza, Señor, su brazo mueve?
  No dejas parte de mi carne sana,
hácesme amargo en todo, y heredero
de mi niñez culpada sin mi gana.
  Prendes los pies del hombre en cepo fiero,
y ciérrasle con guardas el entrada,
las piernas con redondo y fuerte acero.
  Él finalmente a suerte tan pesada,
menor y desigual, es consumido,
cual leño de carcoma y cual guardada
ropa do la polilla puso nido».

Capítulo XIV
Por ocasión de lo último que dijo en el capítulo pasado, de la miseria del hombre, dice Job en éste más largamente de ella, y luego, vuelto a Dios con querellosa lástima, le pide que pues hizo mortal la vida y de plazo tan corto, esto poco que dura aquí se la dé con descanso, y le deje vivir en paz este término breve; y dice y encarece esto mismo por muchas y diferentes maneras.

Y dijo, prosiguiendo: «El hombre es nada,
muy hijo de mujer, muy corto en vida,
muy lleno de miseria amontonada».
   Es flor que apenas nace, y ya es cogida,
es sombra que camina y se apresura,
en manera ninguna detenida.
   ¿Y pones en él mientes de tu altura,
y tienes por no indigno de tu alteza
trabar pendencia con tan baja hechura?
   ¿Quién del cieno sacó jamás limpieza?
¿Quién puro y reluciente, de enconado?
Ninguno a quien firmó naturaleza.
   Pues si el vivir del hombre es limitado,
si término sus días tienen cierto
con fuero por ninguno traspasado;
   No apesgues más sobre él, que cedo es muerto;
afloja, que él se acaba y deseoso
anhela al fin, cuan nave anhela el puerto.
   El árbol, si es cortado, es poderoso,
a renovarse en ramas y en verdura,
más firme que primero y más hermoso.
   Y si plantado acaso en tierra dura,
se seca su raíz y se envejece
si el tronco muere falto de frescura,
   En regándole, al punto reverdece;
al olor de la vena derivada
cual fértil planta en tallo y hojas crece.

    Mas del varón la vida si es cortada,
cortada quedará; si muere, muere;
ni vuelve ni de sí deja pisada.
    En cuanto por secretas minas diere
la mar a las corrientes cebo, y cuanto
la lluvia de las nubes descendiere,
    El hombre durará en su sueño, y tanto
que olvidarán los cielos su carrera,
primero que despierte al gozo, al llanto.
    En fuesa sepultado, ¡quién me diera
estar, cuando tu enojo se pasara,
y que de mí en pasando acuerdo hubiera!
    Por mucho que este plazo se alargara,
por muchos que nacieran y murieran,
mi plazo alegremente ansí esperara.
    Cumplido, me llamaras, y te oyeran
alegres mis oídos y obedientes,
y que tus obras amas todos vieran.
    Mas ora en mis pisadas pones mientes,
en todos mis pecados, y en olvido
pondrás por aventura lo que sientes.
    Cuanto en la edad primera he ofendido,
debajo de tu sello está guardado,
y cuanto sobre aquesto he añadido.
    El monte firme perderá su estado,
y el peñasco más duro, de su asiento
movido, caerá desmenuzado.
    A la piedra deshace el humor lento,
y en el vergel de ayer se nada agora;
mas al morir va fuera deste cuento.
    Irrevocable ley que, vencedora,
a todos los sujetas, y vendados
envías a la cruda y postrer hora;
    Adonde eternamente sepultados,

ni de sus nietos la dichosa suerte,
ni los casos sabrán desventurados.
  Y corriendo ansí el hombre a cierta muerte,
en eso poco que en la vida espira,
en la carne padece dolor fuerte,
en el alma amargor, tristeza e ira.

Capítulo XV

Torna a tomar la mano y la voz del pleito Elifaz, el de Temán; y reprendiendo primero a Job de arrogante para con ellos, y de osado y desacatado para con Dios, y notándole de impío acerca de su providencia; después, a fin de reducirle a mejor parecer y de probar la sentencia suya y de sus compañeros, que a los malos en esta vida les sucede siempre mal, pinta con palabras elegante y copiosamente un tirano en el parecer próspero, y en lo secreto de la verdad atormentado de muchas maneras.

    Aquí Elifaz tornó a tomar la mano,
Lifaz, de aquesta lid autor primero,
osado en el hablar, Lifaz temano:
    «¿Es de sabio ser vano y palabrero,
echar razones de aire por la boca,
desde el principio hasta el fin postrero?
    ¿Es —dice— de persona que no es loca,
hablar sin regla y fin, inútilmente,
decir lo que al propósito no toca?
    Inútil, antes falsa y malamente;
que quien a tus razones diere oído,
ni teme ni respeta a Dios viviente.
    El mal del alma al rostro te ha salido;
la lengua deprendió del falso pecho;
hablaste como habla el más perdido.
    No te condeno yo; tu mismo hecho,
tu boca te condena, y tus razones
por malvado te dan con gran derecho.
    Dime: cuando Dios hizo las naciones
humanas, ¿fuiste tú el primer formado?,
¿o si después de ti los montes pones?
    ¿Ha Dios contigo por ventura hablado?
¿Entraste en su consejo, por ventura?
¿Las venas del saber has tú agotado?
    ¿Qué sabes que no sepa? ¿Qué hondura

alcanzas que no alcance? ¿O qué doctrina
a ti es manifiesta, a mí es escura?
   También en nuestra escuela y disciplina
hay canas y vejez, y quien en días
a tus padres y abuelos se avecina.
   Conozco tus secretas fantasías:
menores —dices— son todos sus bienes
que lo que piden las dolencias mías.
   ¿Qué te escalienta el pecho? ¿Qué contienes
en tu furioso seno? ¿Qué guiñea,
qué amenaza tu rostro, frente y sienes?
   ¿Qué azote, por mayor y más que sea,
pondrá sobre ti Dios, que corresponda
a lo que tu voz aquí vocea?
   ¿Quién es el hombre o cuál su masa hedionda,
para llamarle limpio? ¿Quién, nacido
de hembra, que a su origen no responda?
   En el coro seráfico, escogido
halló flaqueza y mal, y amancillados
en sus ojos los cielos son y han sido.
   ¿Cuánto, pues, serán más los desastrados,
los corruptibles hombres, los que beben
como el agua los males y pecados?
   Atiéndeme, que quiero que se ceben
de aquesto que te anuncio tus sentidos,
y no temo los sabios lo reprueben.
   Que de ellos lo aprendieron mis oídos,
y aun ellos de sus padres y mayores,
que fueron del saber antiguos nidos
   Porque eran de sus pueblos los señores,
en que el saber perfecto conservaron,
sin mezcla peregrina y sin errores
   Pues dice lo que vieron y probaron:
que el malo siempre tiembla, y los tiranos

de luz segura y cierta no gozaron.
   Resuenan de contino con insanos
horrores sus oídos, y al sosiego
más suyo el robador mete las manos.
   No espera del escuro tiempo y ciego,
de la espantosa noche salir vivo
y junto con la luz ve el fierro luego.
   La mesa a que se allega le es motivo
de espanto miserable, que imagina
envuelto en el manjar bocado esquivo.
   De ansias por doquiera que camina,
como rey de sus huestes rodeado,
el miedo se le muestra y avecina;
   Porque con ciego pecho el brazo osado
tendió contra el Señor omnipotente,
y puso contra él su rico estado.
   Descarga Dios sobre él con furia ardiente
y corta la cerviz rolliza y llena,
y el peto le traspasa reluciente.
   Diose al regalo muelle y vida amena:
creció en viciosa carne y en grosura,
con que fortaleció más su cadena.
   Edificó palacios de hermosura
en lugares desiertos, retraídos,
criados para montes y espesura.
   Mas ni sus muchos bienes mal cogidos,
ni a colmo llegará su gran riqueza,
en breve día en humo convertidos.
   O quemado su ramo, o de aspereza
de cielo, enflaquecido en lo sombrío,
no brotará rompiendo la corteza.
   Y va tan adelante en desvarío,
que no teme ni el fin de su camino,
ni vuelta de fortuna ni desvío.

Y ansí los corta el mal que sobrevino
en su más claro día no pensando,
y sin que llegue a flor su desatino;
  Cual tronco de sus tallos despojado,
y como de sus hojas verde oliva,
en quien con fuerza hiere viento airado.
  Que en casa de fingidos no deriva
el cielo, como el yermo, bien ninguno,
y la casa del logro es llama viva.
  Conciben en el ánimo importuno
maldades y quebrantos y a las manos
les sale traición sin fruto alguno;
y sus designios son engaños vanos.»

Capítulo XVI

Aquí dio fin Lifaz, el de Temano;
y Job, torciendo el rostro de cansado
y vuelto a él, tornó a tomar la mano,
Y dijo: «Ya mil veces he escuchado
ésas... no sé cuál llame. Dais sin duda
tormento por consuelo y grande enfado.
¿Qué fin ha de tener tan vana y ruda
razón? ¿Cuándo diréis lo que convenga,
aquesto que entre nos se alterca y duda?
Que yo también de coro sé esa arenga,
o troquemos, si os place, la ventura,
y lo que a mí me abona, eso no avenga.
¡Oh! ¡Cómo os consolara! ¡Que blandura,
qué compasión, qué entrañas, con qué afeto
curara mitigar la suerte dura!
Mas ¡cuán contrario agora es vuestro efeto!
Forzáisme a que razone lo que es pena,
y oiga lo que pone en nuevo aprieto.
Sin duda que el Señor me dio en la vena;
de cuanto me rodea no ha dejado
en mí ni en cosas mías cosa buena.
Las rugas de que el rostro tengo arado
mis males testifican, gran testigo
en este cuerpo magro y tan gastado.
Con ira ardiendo apechugó conmigo;
regañó contra mí sus fieros dientes,
los ojos me enclavó como enemigo.
Abrió para tragarme diferentes
bocas; hirió mi cara y con mi vida
hartó la cruda hambre de mil gentes.
Cerrado en paso estrecho y sin salida,
en manos me entregó del falso y fiero,

del que de hacer maldades no se olvida.
  Quebróme cuando estaba más entero;
asióme y arrojóme, y quebrantado
me puso a sus saetas por terrero.
  Con mil saetas suyas traspasado
el pecho y las entrañas, tengo el suelo
de amarga y miserable hiel bañado.
  A mal, añadió mal; a duelo, duelo;
corrió y atropellóme fiero y crudo,
ajeno de pavor y de recelo.
  Cilicio me vestí sobre el desnudo
cuerpo, y derramé polvo en frente y pecho,
señales de dolor y mal agudo.
  Del contino llorar está deshecho
mi rostro y afeado; en mis dos ojos
la noche ciega asiento tiene hecho.
  Y no porque mis manos con despojos
ajenos ensucié; que al cielo puras
de agravios las alcé siempre, y de enojos.
  Tierra, a quien nuestras obras son no escuras,
no calles lo que sabes de mis males,
no les des escondrijo en tus honduras.
  Mas bien sé que en las sillas celestiales
tengo de mi limpieza fiel testigo,
aunque de lo contrario dé señales.
  Este, y aquél, y aquéste es falso amigo;
yo quiero mis angustias y mis duelos
tratar con Dios a solas y conmigo.
  Presumís engañar a quien los cielos
gobierna, como a vuestros semejantes,
cuyos ojos se cubren con mil velos:
  Mas corre y vuela el tiempo y sus instantes,
y de la cuenta al fin descubre el día
desengaño de falsos e ignorantes,

a do caminan todos a porfía».

Capítulo XVII

«Apenas ya respira en mí el aliento;
mis días acortó mi desventura,
la fuesa sola es ya mi bien y asiento.»
Y fuera menos grave esto que dura,
si de estos palabreros la torpeza
no me bañara l'alma de amargura.
Contigo, si templaras tu braveza,
contigo razonara; y diera luego
fianza, si la hallara en tal bajeza.
Que como del saber les falta el fuego,
no alcanzan lo que encubre el mal vestido
y juzgan por la pinta sola el juego,
Adulan al amigo favorido;
mas si por caso se resuelve el viento,
ni el hijo, aunque perezca, es conocido
Hacen de mí hablilla, hacen cuento,
y porque soy herido me condenan,
y tiénenme por vil, por mi tormento;
Y dicen que mis iras desordenan
mi lengua, y que fue engaño y sombra vana
lo que de mi virtud mil bocas suenan.
Y que admirado el bueno soberana-
mente da gloria a Dios del caso mío,
y dice: Al fin el mal aquesto gana.
Y que se abraza el bien, y con más brío
alarga el paso el justo en su carrera,
y se mejora con mi desvarío.
Buscad otra razón más verdadera,
armad otra maraña, que yo espero
seréis lo que habéis sido en la primera.
Mas ¿qué contiendas nuevas pido y quiero?
Ni tengo fuerzas ya, ni ser ni vida;

aún de pensar me priva el dolor fiero.
   Y del contino llanto enflaquecida
la fuerza, en las tinieblas hondas velo,
y es para mí la noche luz nacida.
   Y de la fuesa triste el frío suelo,
por mucho que me esfuerce, ya me espera;
allí será mi estrado y mi consuelo.
   Al gusano tendré por verdadera
madre, y por mi linaje parentela
la hediondez y corrupción postrera.
   ¿Qué puedo ya esperar, pues ya la tela
de mi vivir y bien está cortada,
y en mi daño lo malo y duro vela?
   La sepultura espero arrinconada,
su lóbrego secreto y tenebroso;
y aún dudo si mi suerte allí cerrada,
y, vuelta en polvo, alcanzará reposo.

Capítulo XVIII

Bildad, el de Suhí, mal satisfecho
de lo que de ambas partes se decía,
tornó segunda vez a abrir el pecho.
«¿Qué fin ha de tener tu parlería?
Entiende bien primero nuestro intento,
y —dice— caerás de tu porfía.
¿En qué ley cabe de comedimiento,
nos trates como a tontos, sin primero
abrir a nuestra voz tu entendimiento?
Destrúyete el coraje; saber quiero,
si el mundo trocará su estilo usado,
o si por ti tendremos nuevo fuero.
Es ley que no se muda, que al malvado
su luz de todo punto se escurezca,
según que la experiencia lo ha mostrado:
Y en su misma morada el bien perezca,
su dicha se le acabe, y dentro el pecho
ansia y mortal congoja siempre crezca.
Sus pasos hallan el camino estrecho,
y su poder antiguo se enflaquece,
y él mismo por sí mismo cae deshecho.
Y cuanto en forcejar se desvanece,
con su porfía loca más se enreda,
que Dios a su mal paso red le ofrece.
Y como el pie enlazado en la red queda,
el cazador acude diligente,
sin que escaparse de sus lazos pueda.
Aqueste bien que sigue es quien le miente;
debajo de él el lazo está escondido,
y andando por la cuerda no la siente.
Y al paso que en la red se ve caído,
se llena el pecho de terrible espanto,

que allí sus mismos pasos le han metido.
Ocuparán sus hijos el quebranto,
la fuerza de su diestra, a su querida
mujer le aguarda la tristeza y llanto.
Enfermedad a muerte parecida
sus miembros gastará; será arrancado
el más estable apoyo de su vida.
Al miedo y a la muerte ya entregado,
vendrá a ser su enemigo el heredero,
con que todo su haber quede asolado.
Y ya, sin esperanza, todo entero,
los ramos con el tronco juntamente,
se acabará por modo lastimero.
Y más, de la memoria de la gente
su fama se caerá, ni será puesto
su nombre en plaza pública, eminente.
Vendrá su nombre a sepultarse presto
en noche del olvido, y su memoria
desterrarán del mundo con denuesto.
No habrá con hijos ni con nietos gloria,
ni quedará de su linaje alguno,
ni de su descendencia larga historia.
Y cuando muera, a todos de consuno
los mozos y los viejos que lo vieron,
el pasmo y el temblor será importuno.
Este es el fin de los que no sirvieron
a Dios de corazón, y la morada
de los que como brutos vida hicieron,
con este triste fin es derrocada.»

Capítulo XIX
Responde Job, cansado ya de oír una cosa por tantas maneras; no replica a sus impertinencias, sino hace de los males que pasa lastimosa historia: profetiza la resurrección postrera.

De tan luengo escuchar atormentado,
responde Job, y dice: «¿Hasta cuándo
seré de vuestros dichos fatigado?
 Ya sobre nueve veces baldonando
perseveráis mi mal, y cada hora
os vais más contra mí desvergonzando.
 Pues digo lo que he dicho hasta agora:
Erré, pues quiero errar, y de contino
aqueste error conmigo vive y mora.
 Por más que me digáis que desatino,
por más que porfiéis soberbiamente
que soy de cuanto mal padezco dino;
 Digo, porque entendáis más claramente,
que a ser juicio aqueste, el soberano
Juez procedería no igualmente.
 Estoy por la siniestra y diestra mano
sitiado en derredor, y si voceo,
llamando a quien me ayude, llamo en vano.
 Bramo por ser oído, mas no veo
manera de juicio, ni acusado
ni defendido soy, cual suele el reo.
 Veo que Dios los pasos me ha tomado,
cortándome la senda, y con escura
tiniebla mis caminos ha cerrado.
 Quitó de mi cabeza la hermosura
del vivo resplandor con que iba al cielo;
desnudo me dejó con mano dura.
 Cortóme al derredor, y vine al suelo
cual árbol derrocado; mi esperanza

el viento la llevó con presto vuelo.
  Mostró de su furor la gran pujanza
airado: y triste yo, como si fuera
contrario, ansí de sí me aparta y lanza.
  Corrió como en tropel su escuadra fiera,
y vino y puso cerco a mi morada,
y abrió por medio de ella gran carrera.
  Hizo de mi dolor muy alejada
la ayuda de mis deudos; mis amigos
huyeron, ya de mí la fe olvidada.
  Y los vecinos, de mi mal testigos,
huyeron, ¡ay!, y cuantos me trataban
me son como si fuesen enemigos.
  De mis puertas adentro los que estaban
mis siervos, como ajeno me extrañaron;
como si huésped fuera me miraban.
  Estos labios que veis ya vocearon
al siervo que me huye más que el viento,
y con palabras blandas le rogaron.
  Y mi propria mujer huyó mi aliento
con asco y mis abrazos, y, rogada,
no quiso en su regazo darme asiento.
  ¿Qué más? Hasta la gente despreciada
me befan, y si dellos me desvío,
hacen risa de mí, cruel, malvada.
  Los que antes eran del secreto mío
abominan de mí; estos preciados
amigos me maltratan con desvío.
  Mis huesos al pellejo están pegados,
y ya de consumidos brotan fuera
los dientes, sobre el cuero señalados.
  ¡Merced habed de mí, merced, siquiera
vosotros mis amigos, que la mano
del Alto me tocó pesada y fiera!

Conténteos que no tengo hueso sano,
sin que me acrecentéis mayor tormento,
no hartos de mi mal crudo, inhumano.
   ¡Oh! ¡Quién me concediese que este cuento
quedase por escrito figurado
en libro que durase siglos ciento;
   O con buril de acero señalado
en plancha, o para ser más duradero,
en pedernal durísimo formado!
   Si bramo, no por eso desespero;
bien sé que hay Redentor para mi vida,
que el suelo hollará el siglo postrero.
   Por quien, después de rota y consumida
mi carne, reformada y más dichosa
verá del Juez alto la venida.
   Yo mismo le veré; de aquella hermosa
luz gozarán mis ojos, no otro alguno:
esta esperanza firme en mí reposa.
   Dígolo, porque todos de consuno
decís: Demos en él, que de acosado
dará de su maldad indicio no uno.
   ¡Temed, por Dios, temed el acerado
cuchillo; aquel cuchillo que apacienta
sus filos en las carnes del malvado,
sabiendo que de todo ha de haber cuenta!».

Capítulo XX

Torna Sofar, a la plática y dice que no se tendrá él por quien es si no le respondiese. Dice que a los malos les sucede mal; y pinta para esto un malo levantado y caído, y encarece su caída contando por menudo todos los males de ella.

 Callábase ya Job; mas el nemano
Sofar, de enojo lleno y de despecho,
volviendo contra sí la diestra mano:
 «¿Para eso —dice— tengo yo en mi pecho
saber? ¿Para este fin dentro en mí mora
razón que me reduce a lo derecho?»
 Que disimulando paso agora,
afrenta me será cuanto he velado,
y viento cuanto el pecho en sí atesora.
 Dime: ¿Por ventura has olvidado
que desde que la tierra tiene asiento,
desde que en ella el hombre es sustentado,
 El canto del malvado es un momento,
al gozo del hipócrita fingido
en un abrir del ojo lleva el viento?
 Si levantare al cielo el cuello erguido,
si tocare a las nubes en alteza
en rico trono altísimo subido;
 Como basura vil, con ligereza
del todo acabará; los que le vieron
dirán: ¿Qué es dél?, ¿qué se hizo su grandeza?
 Cual sueño volador, que no pudieron
prenderle, desparece, y más ligero
que las nocturnas sombras nunca fueron.
 Los ojos que le vían de primero,
no le verán jamás, ni su morada,
ni el peligroso mármol, ni el madero.
 Sus hijos en pobreza avergonzada,
mendigos andarán, y de sus manos

sustentará la vida lacerada.
  Pues ocupó sus fuerzas en livianos
hechos de mocedad, tenga por cierto
que irán con él al polvo, a los gusanos.
  Súpole bien el mal; el desconcierto
al gusto lo aplicó, y sin dejar nada,
le dio por la garganta paso abierto.
  Dañósele, al estómago llegada,
la mal dulce comida, en ponzoñoso
tóxico por las venas transformada.
  Cuanto tragó sin orden, codicioso,
lanzó con mortal basca, y de su seno
lo saca Dios con brazo poderoso.
  Huyendo del vivir, tendrá por bueno
que el áspide le beba sangre y vida,
o lance en él la víbora el veneno.
  No quiso la viviente enriquecida
de bienes inocentes del aldea,
de miel y de manteca bastecida.
  Quiso que ajeno mal su censo sea;
mas no gozará dél ni de alegría,
si rica con mil cambios la arca vea.
  Pues contra el pobre el brazo convertía,
aunque pueda usurpar la ajena casa,
jamás podrá fundar su tiranía.
  Pues que no conoció su hambre tasa,
verá, puesto en deseo y en bajeza,
que toda ajena mano le es escasa.
  Cruel no consintió que a la pobreza
sobrase de su mesa algún reparo,
por donde será humo su riqueza.
  Cuando tuviere lleno el vientre avaro,
reventará de harto; y cien dolores
harán que el mal bocado le sea caro.

    Y Dios descargará mil pasadores,
vaciando en él la aljaba, y encendido
con ira lloverá sobre él temores.
    Del hierro huirá triste, afligido,
dará sobre el acero, de un liviano
peligro dará en otro más crecido.
    Con la espada desnuda en alta mano,
con el amargo fierro relumbrante
le seguirá terrible el Soberano.
    Tendrá por gran riqueza el mal andante
la más cerrada cueva y más escura,
por declinar los filos del tajante
    Cuchillo y para más dolor y desventura
en triste soledad será abrasado,
en fuego que sin soplo vive y dura
    El suelo con el cielo concertado,
aquéste de sus vicios hará cuento,
aquél se le opondrá rebelde, airado,
    Y Dios destruirá desde el cimiento
su casa; esparcirá toda su gloria
con ira, cual el polvo esparce el viento.
    Aquésta de los malos es la historia;
su granjería es ésta; sus provechos
ansí los paga Dios; esta memoria
envían por los siglos de sus hechos.

Capítulo XXI

Dio fin al razonar presuntuoso
el nemano Sofar; y Job responde,
de ver que no le entienden, cuidadoso:
«¿Vuestro saber —les dice—, a dó se esconde?
Dadme siquiera, os ruego, este consuelo,
que vuestro pecho mi razón ahonde.
  Un rato la escuchad, y de mi duelo
acaso os doleréis, y si no es buena,
mofad de mis trabajos sin recelo.
  ¿Por ventura no es Dios con quien mi pena
pretendo averiguar? Si la mintiera,
¿mi alma hablara de temor ajena?
  Catad a mi sentencia verdadera,
veréis cuál os admira y pone espanto
y enmudece esa lengua tan parlera.
  Que cuando yo lo pienso, así me espanto
que de temblor mis huesos se ven llenos,
en ver que el malo vive y crece tanto.
  Y que con mano larga Dios los senos
les enriquece, y pasa con parientes,
con hijos y con nietos días serenos.
  Gozan de suma paz entre las gentes;
han hecho con el miedo estable asiento,
y nunca vieron del rigor los dientes.
  Su vaca, sin aborto, engendra ciento;
sus hijos, cual enjambre de riqueza,
dan saltos por las plazas, de contento.
  Olvidan con el arpa la tristeza,
alegres gozan de perpetuo día,
y pasan por la muerte con presteza.
  Y si miráis su gran sabiduría,
dicen a Dios: De Ti nos alejamos,

no queremos tu senda ni tu guía.
¿Quién es el Poderoso a quien sirvamos?
¿Por quién nuestra fortuna aventajarse
podrá, y que sin empacho le pidamos?
　Aquésta es su razón, sin acordarse
que no son bienes suyos; mas mi pecho
nunca pudo con éstos ajuntarse.
　Diréisme por ventura con despecho,
que su prosperidad al fin fenece
y en quebranto y dolor queda deshecho;
　Que vuela como paja que se ofrece
al viento, y cual el polvo se deshace
que con el torbellino desparece.
　Que Dios lo mismo con sus hijos hace:
castígalos también, y en la amargura
conoce que su vida a Dios desplace.
　Sus ojos son testigos de la dura
muerte de sus hijuelos, de su estrago,
y bebe del gran Dios la saña pura.
　Más decid el que cuida de ese trago,
después de muerto, y que su gente muera.
Demás que éste tal vez aún no es su pago.
　¿Acaso entre vosotros hay quien quiera
prestar al alto Dios sabiduría,
o de advertirle de algo se prefiera,
　Y decirle: Por qué con alegría
este rico, feliz y con bonanza
se muere sin gustar melancolía,
　Y el otro sin descanso y sin holganza,
fenece su prolija, amarga vida?
Secreto que mortal ninguno alcanza.
　El polvo es de los dos común manida;
juntos los acompaña el vil gusano,
la corrupción igual allí se anida.

No podéis encubrirme, que es muy llano,
qué blanco mira vuestro pensamiento,
y lo que contra mí forjáis en vano.
    Decísme: ¿Cuál ha sido el firme asiento
de Job, el poderoso? ¿Cuál ha sido?
Cual suele ser del malo el fundamento.
    Preguntad a los hombres que han corrido
la tierra, y hallaréis si en su viaje
esto mismo que digo han conocido.
    Y aun porfiáis, por solo darme ultraje,
que al malo guarda Dios para el tormento,
y para que a la fin pene y trabaje.
    Mas decid: ¿Quién de tanto atrevimiento
que al tirano en su rostro le condene,
y le amenace su vivir exento?
    Que en esta vida en gozo se entretiene,
y cuando en el sepulcro es encerrado,
aún puesto allí entre gentes vida tiene.
    Reposa en su sepulcro descansado,
y, si murió, la muerte no fue pena,
mas suerte general de lo criado.
    Pues ¿cómo pretendéis mi vida, ajena
de gozo, consolar, si me zahiere
vuestra razón de mil calumnias llena,
que es el golpe cruel que más me hiere?»

Capítulo XXII

    El temano Elifaz, aun no entendiendo
las razones de Job, muy indignado,
la causa de su Dios mal defendiendo,
    Le dice ansí: «Bien tengo penetrado
tu pensamiento, Job, lo que tu pecho
con el saber de Dios tiene encerrado.
    Que dices: ¿Por ventura de provecho
el hombre a Dios será por más que viva,
de su prudencia grande satisfecho?
    ¿Obliga acaso a Dios a que reciba
parte de su vivir, o cosa alguna
le presta su virtud entera y viva?
    ¿O acaso, por temer la desmesura
del malo, le castiga? ¡Oh!, entra en cuenta.
¿Ni al bueno premia Dios, ni al malo apura?
    ¡Oh! ¡Qué razón tan libre y tan exenta!
Tu gran maldad castiga, pues sacaste
prenda al deudor sin causa y con afrenta.
    Al que desnudo estaba despojaste,
negaste aún al sediento la bebida,
la falta del hambriento despreciaste.
    A gente poderosa y más valida
tuviste algún respeto, y le ofrecías
tus bienes liberal y sin medida.
    A la viuda triste no acudías,
y sin piedad las fuerzas quebrantabas
de los huérfanos tristes que afligías.
    Por esto, cuando menos lo pensabas,
mil lazos te cercaron de repente,
que por huir del uno en otros dabas.
    ¿Gozar pensaste acaso el Sol luciente,
sin que la noche escura te cogiera,

siendo, Job, tu maldad tan eminente?
   Y siendo tu vivir de tal manera,
como si el alto Dios allá en el cielo
contando las estrellas no estuviera.
   Decías en tu pecho sin recelo:
No puede ser con tantas nieblas vea
Dios lo que pasa en nuestro bajo suelo;
   De nubes la espesura le rodea,
los hechos de los hombres nunca advierte,
y solo por los cielos se pasea.
   Apruebas la razón de aquesta suerte,
de aquellos que en la antigua edad pasaron,
gente en las fuerzas y maldades fuerte;
   Que sin razón su vida remataron,
cual árbol que a mal tiempo fue cortado,
cual casa que crecientes derribaron.
   Los que a su mismo Dios de mano han dado,
y el pecho de los tales le estimaba,
como si fuera Dios un apocado.
   Y es Él quien con largueza les colmaba
de bienes, de riquezas mil el seno;
mas nunca mi alma su sentir alaba.
   Veránlos algún día el justo y bueno,
y mostrárase alegre en su caída
el que se siente de maldad ajeno.
   Dirá con mofa: La cerviz erguida
que tanto se empinaba, vino a tierra,
su raíz en pavesa convertida.
   Ese coraje, pues, de ti destierra,
habla a tu Dios humilde y mansamente,
verás los bienes que tu alma encierra.
   Recibe de su boca ley prudente
por regla de tus obras, y procura
guardarla dentro el pecho diligente.

Si a Él con intención y vida pura
te vuelves, fraguará lo que labrares,
y alejará de ti su mano dura.
  El polvo, si en el polvo edificares,
volverá en pedernal, y hará precioso
oro las duras piedras que tomares.
  Será tu alcázar firme el Poderoso;
habrás con gran placer de tu enemigo
los guardados tesoros vitorioso.
  Tendrásle por tu amparo y por abrigo;
de siglo en siglo crecerá a tu gusto
y mirarásle como a fiel amigo.
  Oirá lo que demandas sin disgusto;
oirálo, y cumplirás lo prometido.
Tu dicho, como ley de lo que es justo.
  Será de todo el pueblo obedecido;
que lucirá en ti Dios, que a suma alteza,
aquí los que se humillan ha subido.
  Aquel que reconoce su bajeza,
nunca le desechó; que el inocente
no solo libra a sí, mas su limpieza
escapa de peligro a mucha gente».

Capítulo XXIII

    Con esto diera fin el de Temano,
de su razonamiento satisfecho,
y cual si en él venciera alegre y vano.
    Mas Job, tornando abrir de nuevo el pecho,
le dice: «¡Ay! Elifaz, mal engañado
vives, y en tu juzgar no vas derecho.
    En querellas me juzgas demasiado;
condenas mis gemidos por locura,
sin atender la causa que me han dado.
    Pues hoy que con más ansia y amargura
publico a voces el dolor que siento,
se engravece al dolor su mano dura.
    ¡Ay! ¿Quién me diese que a su erguido asiento
pudiera yo llegar? Alarde hiciera
allí de lo que encierra el pensamiento.
    Atento sus razones recibiera,
mi culpa y la razón que a tal le mueve,
con pureza y verdad de él entendiera.
    Que cierto estoy, por lo que a justo debe,
que no me barajara con violencia;
seguro a esto el corazón se atreve.
    Siguiera mi derecho en su presencia,
adonde la verdad solo es valiente,
y en mi favor se diera la sentencia.
    Pero, aunque más le siga, en el oriente
no le descubro, ni en la parte adonde
reposa su calor el Sol ardiente.
    De la región del cierzo no responde;
de el alto se nos muestra al mediodía;
su vista de mis ojos siempre asconde.
    Que pues conoce la inocencia mía,
saliera de sus ojos acendrado,

como de sí la fragua el oro envía.
   Estoy de mi inocencia confiado,
pues asenté en sus huellas con firmeza,
sin traspasar la ley que Él mismo ha dado.
   Más pudo en mí su ley que la fiereza
de mi pasión, que Dios nunca se altera,
y su poder se mide a su entereza.
   Y aqueste mi suceso es verdadera
prueba de lo que el Alto puede y sabe,
con otros muchos que decir pudiera.
   Por tanto de su faz y aspecto grave
mi alma se turbó y espavorece,
si en ella aqueste pensamiento cabe.
   Su gran poder mis fuerzas enflaquece:
y a tanta desventura el Abastado
me trajo, que mi mal perpetuo crece.
   Porque no da lugar que sea cortado
el hilo de la vida, y que en el manto
escuro de la noche ya olvidado,
descanse libre de amargura y llanto».

Capítulo XXIV

«¡Ay! Vos —dice— juzgáis por lo presente;
forzoso es vuestro error, que el Abastado,
que todo lo conoce, es diferente.»
    Celebra en otros tiempos su juzgado;
pronuncia su sentencia en otros días,
los cuales no conoce el sabio hinchado.
    Que en éste a veces baña de alegrías
al que ocupó lo ajeno, al que apacienta
por suyas proprias las ovejas mías.
    Al que de los despojos acrecienta
del huérfano su haber, y no perdona
el buey de la afligida viuda hambrienta.
    Por quien la patria huye y abandona
el pobre, y desampara casa y tierra,
sin ver aún del tirano la persona.
    Otros, como el salvaje cebro en sierra
sale presto y feroz, y se despierta
al robo, que la hambre le destierra.
    Siegan su mies que de contino acierta,
acúdenle las viñas de manera
que el fin de su vendimia es suma incierta.

Capítulo XXV

Aquí tornó el suhí a tomar la mano,
Bildad, el de Suhí, fundando hinchado
sentencias grandes de principio vano.
«Con Él —dice— el imperio está asentado;
con Él la majestad y pavor mora,
por Él lo alto y bajo es ordenado.»
¿Por dicha habrá quien sume lo que adora,
y sirve en escuadrón a su bandera
gloriosa de este Rey, y vencedora?
Pues dime, puesto ante Él, ¿en qué manera
el hombre será justo? ¿El producido
de hembra será limpio dentro y fuera?
Mira, la Luna misma se ha escondido
delante su presencia, y se escurece;
las luces celestiales no han lucido.
¿Y piensas lucirá quien se podrece
quien podre y corrupción por padres tiene,
quien al punto que nace, desparece,
quien es gusano, y de gusanos viene?

Capítulo XXVI

Ceñudo feneció, como si hubiera
sacado a luz algún secreto escuro,
Bildad, y Job le habló de esta manera:
    «¿A quién poner procuras en seguro?
¿A quién defiendes, di? ¿Por aventura
a quien ni cava ciñe ni alto muro?
    ¿A quién aconsejaste? ¿A quién de escura
noche pusiste en luz? ¿Al que carece
por dicha de saber y de cordura?
    ¿Es mudo, o serlo acaso te parece
Aquél por quien razonas? ¿No respira
por Él quien aquí nace y se envejece?
    Por su mano, sumido en mar, suspira
el soberbio linaje, acompañado
de cuanto el Sol de entonces cerca y mira.
    No hay lugar tan hondo ni alejado,
tan sujeto a tinieblas, tan perdido,
que huya de su vista y su cuidado.
    Por Él en el vacío fue extendido
el polo celestial; la grave tierra
sin apoyo por Él tenida ha sido.
    En sus nubes recoge el agua y cierra,
y en lluvia menudísima formada
descendiendo, fecunda llano y sierra.
    Encubre a nuestra vista su dorada
silla de majestad con niebla fría,
por todo el aire espesa y derramada.
    Al mar que por la tierra se extendía,
con término cerró, que permanece
en cuanto sucediere noche al día.
    Su voz increpadora, que estremece
del cielo las altísimas moradas,

a quien todo se allana y obedece.
   Sonó; con que las aguas apartadas
dejaron descubierto el ancho suelo,
de su altivez primera despojadas.
   Su espíritu esparció por todo el cielo
hermosísimas luces; por su mano
tuerce el culebro en el ejido el vuelo.
   De lo que sabe y hace el Soberano,
es ésta una pequeña y breve parte.
Es poco lo que alcanza el seso humano;
que a todas sus grandezas, ¿quién es parte?»

Capítulo XXVII

    Y luego prosiguió, principio dando
a nuevos argumentos, hacia el cielo
los ojos y las manos levantando.
    Y dijo: «¡Vive el que mantiene el suelo,
que tiene de amargor mi alma llena,
y sin juzgar me hiere tan sin duelo!».
    Que en cuanto en mi nariz y pecho suena
el aliento de Dios, comunicado,
y la muerte mis días no cercena,
    Jamás lo verdadero falseado,
encubierto jamás lo verdadero,
ni lo falso sera en mi boca hallado.

Capítulo XXVIII

«Tiene la plata —dice— conocidas
minas, y sus lugares señalados
con señales el oro muy sabidas.»
   De piedras y de polvos golpeados
se forma el hierro; el cobre se derrama
de terrones con fuego desatados.
   Cuanto en tinieblas tiene asiento y cama,
la tiene por un tiempo, y finalmente
por escura que esté levanta llama.
   Que a luz vendrá por tiempo aquella gente,
que la mar de nosotros dividía,
no vista ni pisada de viviente.
   Y en tierra donde agora pan se cría
saldrán volcán de fuego rebosando humo,
que espeso robe el claro día.
   Sus piedras son zafires relumbrando,
y la riqueza allí de asiento mora,
oro por el arena derramando.
   No conoce su senda voladora
ave, ni peregrino y extranjero;
buitres no la hallaron hasta agora.
   Ni con nave atrevida el trajinero,
ni aquellos corazones más altivos,
ni a ella ha penetrado el león fiero.
   Mas, sin embargo desto, sus esquivos
riscos serán por hombres trastornados,
rotos con mano osada sus estribos.
   Y de sus ricos montes socavados
el hombre pertinaz con su osadía
agua saca y tesoros acendrados.
   Y a lo que más del cielo se desvía,
a lo hondo del río cala y llega,

y cuanto dentro encierra saca al día.

Capítulo XXIX

Prosigue Job y cuenta su felicidad pasada, y la honra que todos le hacían, el respeto que le tenían; y con la memoria del bien pasado acrecienta y aviva el sentido de la miseria presente.

    Y dijo más: «¡Oh quién me concediera
el ser lo que fui ya en tiempo pasado,
el tiempo cuando Dios mi guarda era!
    Cuando su resplandor en mí sagrado,
lucía como antorcha, y yo hollaba
la noche, con su luz clara guiado.
    Cual fui, cuando la edad florida daba
vigor y hermosura al rostro, y cuando
en mi secreto el Alto reposaba.
    Al tiempo que duró perseverando
conmigo el Poderoso, y me ceñía
colgada mi familia de mi mando.
    Cuando nadaba cuanto poseía
en leche y en manteca, y aun la dura
peña del azeite ríos me vertía;
    Cuando de gloria lleno y de hermosura
salía al tribunal; cuando en los grados
mi asiento se mostraba en más altura;
    Cuando de ante mi faz avergonzados
los mozos se ascondían, los ancianos
en pie me recibían levantados.
    Ponían sobre su boca las manos
la gente principal, en mi presencia
no osaban razonar, por no ser vanos.
    Los hombres que tenían eminencia
en sangre y en valor, enmudecían
atentos esperando mi sentencia.
    Oídos que me oyeron, bendecían
mi lengua; con las señas me aprobaban

los dichos que de mis labios salían;
 Cuando a los pobres, que favor clamaban,
libraba, general amparo hecho
de cuantos sin abrigo se hallaban.
 Bendito fui de mil a quien mi techo
dio vida, y de la viuda hice llena
la boca de loor, de gozo el pecho.
 Como de rico manto en luz serena,
ansí con la justicia me vestía;
la rectitud mi joya y mi cadena.
 Al pobre que de vista carecía,
sus ojos era yo, y aun del lisiado
tollido fui sus pies y su fiel guía.
 Por padre piadoso reputado,
de la pobreza fui; si contendían,
en sus barajas puse mi cuidado.
 A los que violentos oprimían,
las muelas les deshice, y de la boca
les arranqué la presa que tenían.
 Y díjeme (mas iay! icuán falsa y loca
salió la mi esperanza!) en mi reposo
traspasaré esta vida que me toca.
 No faltará a mi tronco copioso
gobierno de las aguas, del rocío
mi campo no será jamás faltoso.
 Injuria no fará el rigor del frío
a las mis verdes hojas; siempre entero
relucirá en mi mano el arco mío.
 ¡Ay miserable engaño! ¡Ay, cuán ligero
voló todo mi bien, cuando esperaba!
¡Cuán otro estoy de aquel que fui primero!
 Callaba, quien me oía, cuando hablaba,
por no perder de mis palabras una,
en mí los ojos firmes enclavaba.

Jamás contra mis dichos hubo alguna
　　manera de respuesta; yo influía
　　como en sujeto humilde sin ninguna
　　　Dificultad; mi habla descendía
　　cual lluvia en sus oídos deseosos,
　　como en sediento suelo agua tardía.
　　　Si me reía a ellos, de gozosos
　　apenas lo creían, al sentido
　　de todos mis semblantes cuidadosos.
　　　En caminando a ellos, recebido
　　de todos, me sentaba en cabecera,
　　cual rey que de su corte está ceñido,
　　cual el que da consuelo en pena fiera.»

Capítulo XXX

«Mas ríen los muchachos de mí agora,
cuyos padres yo —dice— no pusiera
por guarda de mis perros por un hora.»
   Tan inútil su mano y obra era,
tan inútil su vida, tan no dina
de ver los años de la edad postrera.
   Con hambre dura y mendiguez contina,
sin arte de valerse vagueaban,
por donde no se mora ni camina.
   Con malvas verdes que en la sombra hallaban,
y con raíz de árbol, tierna o dura,
como con pan sus duelos sustentaban.
   Quien su traje miraba y su figura,
al punto los lanzaba voceando:
¡Fuera, ladrón! ¡Afuera, desventura!

Capítulo XXXI

«Ley tuve de modestia con mis ojos,
y de vergüenza —dice— establecida,
que ¿para qué a doncella mis despojos?»
 Que ¿qué merced me fuera concedida
del que en la altura mora?, o ¿qué heredara
del que hace en el cielo su manida?
 ¿Por dicha su derecha y justa vara
no desmenuza al malo? ¿Y no desvía
al que su ley, malvado, desampara?
 ¿Por dicha la carrera y vida mía
a sus agudos ojos se ascondiera,
y cuanto hago y pienso noche y día?
 Si con engaño y fraude yo anduviera,
si con ligero paso acelerado
en pos de la mentira yo corriera;
 Yo fuese en peso justo y fiel pesado,
en balanzas iguales verdaderas
vería mi quilate el Abastado.
 Si decliné mis pies de sus carreras,
si guía al corazón el ojo ha sido,
si el mal tiznó la mano en burla o veras;
 Yo siembre, y mi sembrado sea comido
de otro, y todo cuanto produjere,
ramas, tronco, raíces, destruido.
 Si preso de casada alguien dijere
que tuve el corazón, o que al vecino
la puerta le rondé mostrar pudiere,
 Ajeno trigo muela en su molino
mi consorte en mis ojos, y sin velo
al torpe abrazo sirva de contino.
 Bien sé que es gran maldad, bien sé que el cielo
aborrece este hecho, y le condenan

la ley y los jueces en el suelo.

    Es fuego abrasador, que no le enfrenan
hasta dar fin de todo a honra y vida
cuantas olas en mar hinchado suenan.

    Si desdeñé el juicio, el ser medida
por igualdad de ley la diferencia
entre mi siervo contra mí movida,

    Que cuando Dios viniere a dar sentencia,
yo, reo, ¿qué respuesta le volviera,
si ansí su voz sonara en mi consciencia?

    ¿Por dicha no os formé de una manera,
de un barro, de unos miembros y figura,
a siervos y a señores dentro y fuera?

    Si a pobre deseché con vista dura,
si a viuda que los ojos me enclavaba,
con largas la detuve en amargura;

    Si mi mesa del pobre retiraba,
si mi bocado a solas le comía,
si el huérfano su parte no gozaba;

    (Que entrañas paternales desde el día
que vine a aquesta luz se me imprimieron,
y la piedad en mí y la edad crecía;)

Capítulo XXXII

Los tres pusieron fin a su porfía,
de ver cansados cuán pertinazmente
por justo Job y bueno se tenía.
Mas luego el Eliú encontinente,
el Eliú, barzales, buziano,
nacido de alta y poderosa gente,
    Con ira y con desdén tomó la mano
airado contra Job, porque arrogante
culpaba con su abono el Soberano.
    Y airado con los tres que están delante,
que dan a Job por malo y por malvado,
sin convencelle con razón bastante;
    Que a todas las razones que han pasado,
callara por ser él de menos días,
guardando a la mayor edad su grado;
    Y violos que, después de sus porfías,
respuesta les faltaba; grave y fiero,
así soltó la lengua el de Buzías:
    «Soy yo, y ansí me tengo por zaguero,
como sois más ancianos, encogido
no ose decir lo que ora decir quiero.
    Que el sabio razonar —dijo— y pulido
es proprio de los años; la ancianía
es quien ha de enseñarnos lo ascondido.
    Mas veo agora que esto es burlería:
que el hombre se sustenta de su aliento,
y Dios es quien le da sabiduría.
    No es sabio porque ocupa un alto asiento,
ni porque viva mil uno y mil días,
por eso tiene más entendimiento.
    Oíd atentos las razones mías:
que yo quiero también mostrar agora

de lo que alcanzo yo las fantasías.
   No os corto la razón, que hasta la hora
postrera os atendí, hasta que hubistes
dicho cuanto en vosotros se atesora.
   Atento estuve a cuanto respondistes;
no veo de ninguno a Job vencido,
ni aun respondelle bien nunca supistes.
   Y porque no digáis: Buen seso ha sido
dejar a quien de Dios es desechado,
a quien su ira tiene entontecido;
   Aunque él su fabla a mí no ha enderezado,
yo hablaré con él, y por camino
iré que de vosotros no es hollado.
   Ansí que, pues pasmastes, y no vino
razón a vuestra boca cual cumplía,
ni supistes decir lo que convino;
   Pues os sostuve atento noche y día,
y, en fin, hechos estatuas y pasmados,
dejastes no vencida la porfía;
   No quiero yo más ya tener cerrados
mis labios; quitaré a mi lengua el freno,
y mostraré de mi saber los grados.
   Que tengo el pecho de razones lleno,
y ardo por hablar, y el ardor fiero
ondeando me ruge dentro el seno.
   Reventaré ansí cual nuevo cuero
revienta con el mosto en él cerrado,
cerrado y sin ningún respiradero.
   Dirá la lengua, pues, lo que ha formado
el ánimo, y con ello respirando,
contento quedaré yo y descansado.
   Dirá, mas sin lisonja, no mirando
respeto, ni con títulos fingidos
la bajeza del hombre en alto alzando.

Que nunca de mí fueron conocidos
el mentir ni el fingir; ni sé la hora
cuando en breve mis días fenecidos,
me llevará ante sí Él que el cielo mora.»

Capítulo XXXIII

    Mas dice prosiguiendo: «Tu sentido
aplica, Job, agora a lo que digo;
pon todas mis palabras en tu oído:
    Que yo mi boca abrir quiero contigo,
y allí dentro la lengua meneando,
decirte mi razón con pecho amigo.
    Del ánimo mi voz no desviando,
del ánimo que el bien tan solo mira
iré purezas llanas pregonando.
    Que quien me trajo a luz, ése me inspira;
del soplo de Dios vivo, y de su aliento
el ánima alentada, en mí respira.
    Si osas responderme, estáme atento;
haz de tu ingenio alarde, y animoso
está firme ante mí y de miedo exento.
    Cumplióse tu demanda. Ves, yo oso
tomar la voz por Dios, y soy formado
de lodo, como tú, vil y asqueroso.
    Y no podrás de mí ser espantado
con majestad no vista, ni oprimido
con brazo poderoso y muy pesado.
    Pues digo que, si bien te he entendido,
dijiste en mi presencia abiertamente,
en mis oídos mismos lo he yo oído.
    Dijiste: Puro soy, soy inocente,
la ley de Dios rebelde no he pasado,
como guardada joya estoy luciente.
    Dijiste: Empero ya de mí enfadado
el amistad conmigo ha Dios rompido,
con quejas coloradas que ha buscado.
    Y en duro cepo ha mis pies metido,
y por cortar del todo la huida,

con guarda a la redonda me ha ceñido.
   En eso, pues, tu lengua desmedida,
en eso mismo peca, porque excede
el Alto a los mortales sin medida.
   Tu seso contender con él no puede,
ni es suyo dar razones por menudo
de cuanto por su mano acá sucede.
   En una o dos maneras, si no pudo
entender el aviso a la primera,
declara Dios su vicio al hombre rudo.
   Primero, con imagen más ligera
en el lecho, en la noche escura, y cuando
el sueño amodorrece la mollera.
   Entonces, en la oreja murmurando,
avisa y amenaza, su castigo
en formas diferentes demostrando;
   A fin que de su obra el pecho duro
se aparte, y en temprana enmienda pueda,
cubriendo su pecar, hacerle escuro.
   Y ansí del hado duro la cruel rueda
que la contina culpa apresurada,
torne, cesando ella, estable y queda;
   Mas, si no dio aquí el fructo que esperaba,
acude lo segundo con dolores,
despiértale en sus huesos guerra brava.
   Y hace que, turbados los humores,
del manjar de la vida tenga hastío;
lo dulce le convierte en amargores.
   Deshácese la carne y pierde el brío;
los huesos se descubren ascondidos
con el ardor, con el rigor del frío.
   Y casi al paso extremo conducidos
sus días, y la muerte le es vecina,
los últimos desmayos doloridos.

Mas si ni en este estrecho aún no adivina
la causa de su mal, con el tercero
remedio el Piadoso a él se inclina.
  Dichoso si le envía un mensajero
discreto, uno entre mil, y bien hablado,
que al camino le vuelva verdadero.
  Que de piedad entonces Dios tocado
dirá: No muera ya, tornadle a vida,
que ya para aplacarme he causa hallado.
  Y al punto, como a un niño, así lucida
su carne torna, y muelle, reducido
al tiempo alegre de su edad florida.
  Alabará al Señor enternecido
con entrañable amor, y muy gozoso
verále, y verá en sí lo que es y ha sido.
  Y dando a Dios loor en copioso
pueblo dirá: Pequé, fui condenado
con ley, y fue en mi pena Dios piadoso.
  ¿No veis cuál de la muerte me ha librado,
y cómo ha reducido el alma mía
al viso dulce deste Sol dorado?
  Pues ya ves de qué modo Dios porfía
uno, dos, y tres veces inspirando
en el varón que ciego al mal corría,
  Solo por retraerle, que pecando
no muera el miserable, y darle asiento
en luz, la que los vivos van gozando.
  Adviérteme bien, Job, estáme atento;
encima de la boca pon el dedo,
óyeme en cuanto sigo lo que siento.
  Si tienes que decir, yo estaré quedo;
yo callo. Tú replica y te defiende,
que amo tu defensa cuanto puedo.
  Empero, si no puedes, lo que ofende

tus dichos, rebatir, escucha agora,
la boca cierra y el oído extiende,
publicaré el saber que en mi alma mora».

Capítulo XXXIV
Añade a sus razones otra Eliú, o por mejor decir, sálese del propósito comenzado, que era persuadir a Job que el hombre no puede entender por do camina Dios en sus hechos. Y pareciéndole que Job en su plática había notado a Dios de injusticia, toma ocasión de aquí, y prueba que Dios es justo; y el medio con que lo prueba es porque lo ve todo, y es el gobernador de todo, y como tal a muchos poderosos, por ser malos, los deshace y destruye. Y a la fin parece que, movido por algún semblante del desprecio que vio en Job contra él, se enojó con él, y, enojado, le desea la muerte, para que con ella acabe su impaciencia y como blasfemia al parecer suyo.

Y a la pasada plática, añadiendo
otras razones nuevas y mayores,
ansí habló el Buzites, prosiguiendo:
«Oíd los que os preciáis de sabidores;
a mis palabras dad atento oído,
vosotros de los doctos los mejores.»
 Que del buen razonar o del perdido
la oreja es el juez, y de la buena
vianda el paladar tiene el sentido.
 No reine aquí el enojo y ciega pena;
hablemos sin pasión templadamente.
Y luego se verá del bien la vena.
 Y el mismo Job verá cuán malamente
habló, cuando así dijo: No he pecado,
hirióme, sin juzgar Dios, crudamente.
 Y cuando dijo: ¿Qué? ¿Yo a mí, malvado,
mintiendo me haré? ¡Nunca tal sea!,
que el fiero mal que paso es sin pecado.
 Mas di, ¡por Dios!, en cuanto el Sol rodea,
¿quién bebe como tú sin tasa y miedo
la mofa y la blasfemia, torpe y fea?
 De pies has dado, en cuanto juzgar puedo,
en aprobar del mal la grey perdida,

 y el ofender a Dios con pecho ledo.
 Que dices: No por eso ni herida
será, ni más feliz la suerte humana,
porque ha seguido a Dios toda la vida.
 Oídme, pechos sabios; no profana,
ni mezcla su bien con el pecado,
ni mira con favor la ley tirana.
 Que el hombre que mal hace, ansí es pagado;
cual son de cada uno los caminos,
tal es el paradero do es llevado.
 Que Dios y sus juicios son divinos,
derechos, y que ni la ira los malea,
ni gracia los corrompe ni padrinos.
 Que ¿quién gobierna el mundo y le rodea?
¿Hay otro sobre Dios, que visitando
la tierra, en lo que Él falta, lo provea?
 Él solo le fundó, y si mirando
hincare el corazón, y blandamente
su aliento a Sí llamare respirando;
 Al punto, cuanto mire el Sol luciente,
deshecho caerá, y a su primero
polvo se volverá la humana gente.
 Esta razón te baste, si de entero
seso dotado estás; atiende y mira,
que quien gobierna el mundo es justiciero.
 Y, allende de esto, dime: ¿Sirve a la ira,
desama la equidad, quien tan piadoso
nuestras mortales llagas cura y mira?
 ¿Osas poner mancilla en Dios glorioso?
¿Decir mal, di, del rey o del privado,
tiéneslo por seguro o por honroso?
 ¿Y cuánto menos del que ni ensalzado
respeta, ni le pone ante el mendigo,
por cuanto Él solo a todos ha criado?

¿Del que en un punto acaba a su enemigo,
y hace que en mitad de su reposo
le mate en un motín su pueblo amigo?
　Del que es tan veedor cuan poderoso,
que alcanza con su vista y determina
los pasos del más falso y engañoso?
　(No hay tan profunda noche, tan malina
sombra de escuridad, do el malo pueda
quitar de sobre sí la luz divina;)
　Del que la presurosa eterna rueda,
que lleva a ser juzgados los mortales,
no dio que el malo la tuviese queda;
　Del que derrueca al suelo mil reales
sceptros desmenuzados, y establece
otros después en altos tribunales;
　Del que cuanto vicioso no parece,
lo hace manifiesto a sus autores,
los quebranta en el punto que amanece.
　Y bien como a notorios malhechores,
los hiere con espada justiciera
en plaza de infinitos miradores.
　Y dice la voz alta pregonera:
«Por cuanto no siguieron la divina
huella, ni su doctrina verdadera.»
　Hasta que por su causa la mezquina
voz del opreso pobre entró al oído
de Aquel que a la humildad su oreja inclina.
　A quien da Dios reposo, ¿qué nacido
podrá ponelle en mal? Mas si Él olvida,
¿qué hombre o qué reino no es perdido?
　Al punto se apodera dél torcida
vara, que lazos arma do lacere
la gente pobre y mísera caída.
　Mas pues es proprio a Dios, cuando más hiere,

decir: «La mano alcemos y el castigo,
y torne a dulce vida el que ya muere».
    Dile: «Si no miré bien lo que digo,
enséñame, Señor; y si he pecado,
a no pecar ya más a Ti me obligo».
    ¿Mofas, como si fueses tú el dechado
del bien? Mas di: ¿no hablaste tú primero?
Pregúntote: ¿En qué cosa has acertado?
    Los sabios, cuyo dicho es verdadero,
alaban mis razones, y allegados
los doctos me hacen auditorio entero.
    Tus dichos son los faltos y menguados
de todo buen saber; de entendimiento
ni de doctrina alguna son dotados.
    ¡Ojalá que, arrancado de cimiento,
diese fin el Señor a este perdido,
y fuese de blasfemos escarmiento!
    Porque, según procede el atrevido,
añadirá pecados a pecado,
y hará con mil visajes sin sentido
un cerro de blasfemia amontonado.

Capítulo XXXV

Insiste todavía Eliú en su razón. Y porque Job había dicho con buen sentido que le serviría poco, para el fin de que se hablaba, el vivir sin pecado, él, entendiéndolo mal, toma ocasión de ello para decir que Job se afirmaba por más justo que Dios; y prueba muy de propósito que el provecho de la virtud es solo del que la hace, y que Dios siempre administra justicia.

    Mostrándose por horas más turbado,
y calentando el pecho la porfía,
el hijo de Barzel ansí ha hablado:
    «¿Parécete, di, Job, que permitía
juicio, que tu seso a Dios dijese:
Tu justicia es menor, mayor la mía?
    Que si este mal en ti no se ascondiese,
no dijeras: ¿Qué gano de ser bueno,
qué, si como la nieve me volviese?
    Oye pues de mi voz agora el trueno,
que a ti probaré yo y a quien te ayuda,
que tú eres el que ganas en lo bueno.
    Levanta y mira el cielo que se muda,
y sube más arriba, al estrellado,
del suelo alejadísimo sin duda,
    Más lejos está Dios de ser dañado
de los pecados tuyos. Si hicieres
un monte de maldad, ¿qué le has quitado?
    Y por contrario modo; ¿si lucieres
purísimo, qué das al Rey del cielo?
¿Será Él más rico, tú si justo fueres?
    A ti y al que cual tú mantiene el suelo,
el camino torcido o el derecho
conduce a triste fin, o a gran consuelo.
    Dirás: Pues si Dios juzga por derecho,
¿por qué tan grande copia de oprimidos
gritando rompen cada día el pecho?

¿Por qué? Porque no llevan sus gemidos
a Dios que los formó, y que en la escura
noche despierta al canto sus sentidos,
　　Y que los alumbró con luz más pura
que a los brutos, terrestres animales,
que a las aves que vuelan por la altura.
　　Ansí que no oye Dios aquestos tales
librándolos, por más que ansí voceen,
del soberbio poder de otros mortales.
　　Mas es falso decir que no proveen
las manos del Señor, o que su oído
es sordo, o que sus ojos no nos veen:
　　Antes cuando estuviere más dormido,
a lo que te parece, ten por cierto
que juzga y susténtate en gemido.
　　Y aun ora, si en ti hubiera algún concierto,
deberías confesar que no usa de ira,
que el castigo es menor que el desconcierto.
　　Mas todo es vanidad, todo es mentira,
cuanto ha sabido hablar este cuitado;
y ha como hombre tonto, o que delira,
palabras mil sin seso amontonado.»

Capítulo XXXVI

    Y nuevos argumentos añadiendo,
por dar mayor firmeza a lo pasado,
abrió Eliú la boca ansí diciendo:
    «Espérame y atiende, que no he dado
a mis palabras fin, que todavía
por Dios razones nuevas han quedado.
    De lueñe mi discurso toma y guía
agora la razón; agora quiero
defienda a su Hacedor la lengua mía.
    Firmísimo discurso y verdadero:
de quien agora habla Job, contigo
en perfección de sciencia es el primero.
    Todo ama su igual, todo es amigo
de lo que le semeja: Dios es bueno,
es sabio, es poderoso, tú el testigo.
    Luego no da favor, no admite al seno
al malo; luego al bueno y afligido
siempre da su derecho entero y lleno.
    No aparta dél los ojos ni el oído,
y por sus grados ciertos le levanta
al trono por los reyes poseído.
    Mas si dices que a veces los quebranta,
los sujeta a durísima cadena,
los ciñe y cerca con miseria tanta,
    Es para que conozcan por la pena
algunas faltas suyas que crecían,
de que aún la vida justa es siempre llena.
    Para que oigan lo que oír debían,
los oídos les tuerce y los advierte
del camino perdido que seguían.
    Si oye y obedece y se convierte,
en paz fenecerá su luenga vida,

y la dulzura en él sus bienes vierte.
  Mas, si sordo durare en la torcida
manera de vivir, espere espada,
espere olvido y suerte dolorida.
  Que es proprio de la gente muy malvada,
cuando encienden a Dios el pecho en ira,
callar aunque se vea aprisionada.
  Por donde a éstos Dios su aliento tira
en los floridos años consumidos,
en deleites bañados, en mentira.
  No ansí con sus humildes y rendidos,
que les será salud, y entre sus males
les hablará consuelo a los oídos.
  Y a ti, si tus sentidos fueren tales,
te saca de este estrecho a grande anchura,
más dulce que son dulces los panales.
  Tu pleito que hasta agora a pena dura,
ansí como a malvado te condena,
convertirá en sentencia de soltura.
  Ni cuando sobre ti fulmina y truena,
te dejes decaer, ni con regalo
el paso tuerzas ni con luz serena.
  Que si perseverares en lo malo,
ni oro, ni clamor, ni fuerza o arte
te librará del afrentoso palo.
  No duermas, confiando será parte
el pueblo bullicioso conjurado,
ni muchos pueblos juntos a librarte.
  ¡Ay! guarda; no prosigas el errado
camino de maldad que comenzaste
al punto que te viste castigado.
  Mas ¡oh Señor!, ¡cuán alto te encumbraste
en saber, en poder, en fortaleza,
en cuanto hiciste y cuanto sentenciaste!

¿Qué ingenio tan subido, qué agudeza
o pudo penetrar tu seso, o pudo
argüir tu justicia de flaqueza?
  No seas, pues, tú, Job tan torpe y rudo
que olvides este bien que el mundo admira,
que calles lo que a voces dice el mundo:
  Que todo lo que vive aquí y respira,
contempla esta labor maravillosa
el que lueñe y el que de cerca mira.
  Mayor es Dios, mayor que cuanto osa
tu seso presumir; su luenga vida
ni número la encierra, ni otra cosa.
  Seca la nube, y pónela en huida,
o, si quiere, la envía sobre el suelo
en largos hilos de agua convertida;
  Tiende su pabellón por todo el cielo,
de donde menudísimo gotea,
y cubre monte y llano escuro velo.
  De allí temerosísimo vocea,
y envía resplandor que corre y vuela,
por cuanto la mar húmida rodea.
  Tiene la disciplina allí y la escuela
del mísero mortal, y juntamente
de allí con mano llena le consuela.
  El rayo de la luz resplandeciente
asconde en tristes nubes, y si quiere,
en ellas reverbera reluciente.
  Y antes que el nublado al Sol cubriere,
la vaca por él mismo amaestrada
lo avisa al labrador, que advirtiere
en alto la nariz abierta, alzada.

Capítulo XXXVII

    Y sobre todo en esto se estremece
mi corazón turbado, y mi sentido,
sacado de sus quicios, desfallece.
    Que de improviso el uno y otro oído
os hinche con su voz de espanto llena,
con trueno de su boca producido.
    Primero resplandece, y después truena;
primero sobre cuanto cubre el cielo,
descubre de su luz tendida vena.
    Y brama luego al punto y tiembla el suelo,
y suena con la voz de su grandeza,
que pasa con ligero y presto vuelo.
    Rasga, tronando, el aire con braveza,
con nueva maravilla, poderoso,
de lo que sobrepuja toda alteza.
    Manda que estén las nubes de reposo
por montes y por llanos; que descienda
el humor de las lluvias copioso.
    Las manos sella el frío, y pone rienda
el rigoroso hielo derramado,
para que su labor el hombre entienda.
    Huyen las alimañas al cerrado
abrigo de sus cuevas y, allí puestas,
pasan morando todo el tiempo helado.
    De las partes del ábrego repuestas
vienen las tempestades, viene el frío,
del que limpia de nubes llano y cuestas.
    Él sopla, y con su soplo enfrena el río,
y pierde el agua puesta en duro estrecho,
de su vago correr el desvarío.
    Y a veces con sereno cierzo ha hecho
venir la nube llena de agua fría,

que embriaga los campos con provecho.
Por todo, a la redonda, el paso guía,
por consejo de quien es gobernada,
y hace su querer de noche y día.
Con ella anega la nación malvada;
con ella fructifica valle y sierra,
y de la pobre gente se apiada.
Aparta agora, Job, de ti y destierra
la saña, y mira bien y atentamente
las maravillas que en sí Dios encierra.
¿Sabrás por dicha tú puntualmente
la causa por que Dios manda al ñublado
que cubra, o que descubra el Sol luciente?
¿Sabrás quién le extendió, y quién colgado
le tiene en cierto peso, maravilla
del que en todo es perfecto y acabado?
¿Por qué la vestidura más sencilla,
si sabes, di, calienta, cuando espira
el que refresca la africana orilla?
Al cielo, Job, los ojos alza y mira,
y di, ¿si tú por caso le forjaste,
vaciado como espejo en que se mira?
Enséñame qué diga, tú que hallaste
la lumbre; que yo puesto en noche escura
ni tengo lengua, ni saber que baste.
Mas ¿qué razón podrá de criatura
decirlo? ¿O quién tan sabio y ingenioso
que, puesto, no se pierda en tanta hondura?
Ya pone escuro el aire nebuloso,
ya con un blando soplo, desterrada
la nube, resplandece el Sol hermoso.
El Norte nos envía luz dorada,
y Dios por todas partes nos convida
a reverencia con loor mezclada.

Que es grande su poder; no conocida
la suma de sus ricos bienes; sancto,
justo, gran amador de justa vida.
No subirá en valor ninguno tanto,
que no le tema y tiemble; ni habrá alguno
que hinque en Él los ojos sin espanto,
aunque más sabio sea que ninguno.»

Capítulo XXXVIII

    Aquí callaron todos; mas queriendo
dar fin con la verdad a las porfías,
de entre las nubes Dios sonó, diciendo:
    «¿Quién es éste, que hablando demasías
su buena causa encubre, y escurece
el consejo de mis sabidurías?
    Ya lo que deseabas se te ofrece;
¡sus!, cíñete, varón, y dime agora,
a lo que digo, lo que te parece.
    ¿Adónde estabas, dime, al punto y hora
que a plomo cimentaba yo la tierra?
Declara aquí la sciencia que en ti mora.
    ¿Quién hizo por medida llano y sierra?
¿Quién levantó nivel, colgó plomada
en todo lo que el ancho suelo encierra?
    ¿Qué apoyos, dime, tiene?, ¿en qué fundada
está su redondez?, ¿por cuya mano
la piedra de la clave fue asentada?
    Las lumbres celestiales a una mano
loores me cantaban, y el senado
angélico con gozo soberano.
    ¿Quién, di, con puerta y llave, quién cerrado
detuvo el mar, al punto que nacía
de golpe y con tropel soberbio, hinchado;
    Cuando como con manto le cubría
de nubes, y con niebla espesa, escura,
como con faja a niño le envolvía?
    Y ley le establecí que siempre dura,
y púsele firmísimos candados,
y puertas con eterna cerradura.
    Y ven, dije, hasta aquí, los situados
límites no traspases; aquí sean

los bríos de tus olas quebrantados.
   Y di, por aventura, si se emplean
tus días en los carros de la aurora,
guiándolos al puesto que pasean;
   Para que su luz bella alumbre agora
aquesta zona vuestra, agora aquélla,
y la gente destierre malhechora;
   Y mude como cera en que se sella
el traje de la tierra y su figura,
seca, verde, florida, yerma, bella.
   Conforme es de los malos la ventura
instable, que si lucen prosperados,
para en noche eterna y desventura.
   Y dime, ¿si por dicha penetrados
han sido ya de ti los hondos mares,
los abismos secretos, apartados?
   ¿Abrióse a ti la puerta en los lugares
a do vive la muerte dolorosa,
la casa de tinieblas y pesares?
   ¿Sabes por aventura la espaciosa
y grande redondez? ¿Y sus anchuras,
y la propria razón de cada cosa?
   Pues dime, si lo alcanzas, ¿en qué alturas
la luz manida tiene? ¿O en qué cuevas
moran las horas de la noche, escuras?
   ¿Podrás por aventura darme nuevas,
de cómo a su morada luz conduces,
y guías por las sendas della, y llevas?
   O dime, si supiste, ¿a cuántas luces
habías de venir a aquesa vida,
tus años muchos y tus graves cruces?
   Y dime, ¿dónde tengo recogida
la nieve y sus tesoros? ¿Dónde tengo
multitud de pedrisco apercibida,

Para el amargo día, cuando vengo
con el contrario ejército a las manos,
y a mi furor la rienda no detengo?
   Y dime los caminos soberanos
por do la luz se esparce, por do vienen
los soplos calurosos y malsanos.
   ¿Quién abre las acequias, que contienen
las lluvias con relámpagos mezcladas,
con truenos que los hombres enajenen?
   ¿Por dónde sus corrientes son guiadas
a partes que los hombres nunca vieron,
a selvas y a regiones no holladas?
   Con que su sed los yermos despidieron,
y hartos de agua fértil y floridos,
de flores y de yerba se vistieron.
   Di el padre de las lluvias y ruidos
de las sabrosas gotas rociadas,
al apuntar el día en los ejidos.
   ¿De qué vientre, di, nacen las heladas?
¿Quién engendró la escarcha? ¿Quién el hielo?
¿Quién las nieves blanquísimas, sentadas?
   Convierte en piedra dura el puro cielo
las aguas, y las traba y las detiene
y cubre con ajeno traje y velo.
   ¿Tu ñudo por ventura en orden tiene
las luces de Chimah; al Chesileo
desatas, si te place o te conviene?
   Por tu mano e industria, a lo que veo,
formaron sus figuras los luceros,
agora en modo hermoso, agora en feo.
   ¿Sabes del cielo los eternos fueros?
¿O por ventura imprimes tú en la tierra
el ser de aquellos cuerpos verdaderos?
   ¿O cubres tú con niebla campo y sierra?

¿O porque oyó tu voz y tu mandado,
con nieve espesa el agua el aire cierra?
  ¿Por ti, por dicha, el rayo es enviado,
y dícete dispuesto y obediente:
tú manda, que a mí toca el ser mandado?
  ¿Quién puso en las entrañas de un viviente,
de un hombre terrenal, sabiduría,
y en el gallo un instinto tan prudente?
  ¿Quién cantará, como él, de noche y día,
las horas celestiales, sus momentos?
¿Quién contra el sueño alerto ansí porfía,
  Desde que de la tierra los cimientos
sobre el profundo centro se fundaron;
desde que los primeros polvos lentos
en terrones sin cuento se apiñaron?»

Capítulo XXXIX

Y dijo: «¿Proveerás tú por ventura
de caza a la leona que ha parido,
o a la hambre de sus hijos, dura,
Cuando, encorvados dentro su escondido,
acechan por la presa deseada,
por el manjar y pasto prometido?
Al pollo de la cuerva descordada,
que grita por comer y me vocea,
me digas: ¿Su ración por quién le es dada?
De la montesa cabra en la rifea
montaña, o de la cierva temerosa
el parto y la preñez, me di, ¿cuál sea?
Encórvase gimiendo dolorosa,
por dar a luz el parto, quebrantado
el dolor, el gemido, no reposa.
En breve el cervatillo reparado,
al pasto por los montes se desvía,
del pecho de la madre ya olvidado.
Al asno, di, salvaje, ¿quién le guía?
¿Quién le soltó las riendas? ¿Quién le lleva
libre por las montañas noche y día?
Al cual las soledades di por cueva,
por morada los yermos salitrales,
que azada no tocó, ni rompió esteva.
Desprecia de los míseros mortales
el trato, y del duro alcabalero
las voces no conoce desiguales.
Contempla de las cumbres del otero
los campos de su pasto, y do florece
en verde yerba el suelo, va ligero.
De la vada me di, si te parece,
¿qué te querrá servir, y hacer manida

contigo, cuando el aire se escurece?
¿Por dicha para el sulco, al yugo asida,
della te servirás osado, haciendo
que tus tierras cultive ansí vencida?
¿O por caso su grande fuerza viendo,
la fías tu cosecha y sementera,
a ella todo el cargo cometiendo?
Dime, ¿si fiarás que trille la era,
que todo lo sembrado y producido
lo recoja y encierre en tu panera?
El avestruz, que en ala y cuello erguido,
en pluma galanísima, o es ave,
o puede bien por ave ser tenido,
Cuando en la arena al Sol, sin puerta y llave,
deja sus huevos, di, ¿quién los abriga?
¿Tú eres, o Yo soy el que lo sabe?
La madre no los cubre, ni se obliga
que el pie no los esparza ni patee,
ni acuerdo tiene dellos ni fatiga.
Endurécese cruda, y nunca vee
sus hijos, mas no suyos, pues los deja,
sin que el temor la aparte ni la ojee.
De ella el acuerdo y el saber se aleja,
no le cupo mayor entendimiento;
por su parte no cura ni se aqueja.
Mas cuando ensalza el ala en movimiento,
al caballo traspasa y caballero,
ligera en la carrera como el viento.
¿Eres tú por ventura el que al guerrero
caballo proveyó de valentía,
quien de relincho le ciñó el gargüero?
¿O que con fuerza salte y gallardía,
o que bufe, le das, y ponga miedo
de su nariz el brío y lozanía?

Cava la uña el suelo, y con denuedo
va para el enemigo, y acomete;
ni freno le contiene ni voz quedo.
　　No conoce temor, ni espada mete
espanto en sus entrañas, ni ruido
de golpes poderosos sobre almete;
　　Ni encima dél la aljaba y su sonido
ni la temida lanza blandeando,
ni el acerado escudo combatido.
　　Herviente y furibundo deseando
el son de la trompeta, sorbe el suelo,
no cree que llegará jamás el cuándo.
　　Al punto que la oye alza el vuelo,
y dice ¡ha, ha, ha!, porque adivina
encuentros, golpes, voces; su consuelo.
　　Y dime, ¿si a la muda se avecina
el gavilán por ti? ¿Si bate y tiende
las alas renovadas y se empina?
　　¿O eres tú por quien en alto extiende
el águila su vuelo, y hace nido,
adonde con la altura se defiende
　　En apartadas breñas, en subido
peñasco, en pico altísimo tajado,
en risco que no puede ser vencido?
　　De allí la cara presa ha contemplado,
que de muy lejos ve lo que conviene
para el sustento de su nido amado.
　　Con sangre de la caza le mantiene,
que huele sangre el pollo, y dondequiera
que siente cuerpo muerto, presta viene».
　　Así le hablara Dios la vez primera;
y viéndole que nada respondía,
tornóle a preguntar desta manera:
　　«¿Pues tienes ya por seso y valentía,

conmigo pleitear? ¿Ansí ha cesado,
ansí calla quien tanto prometía?»
　«Soy polvo —dijo entonces— desechado;
pongo en la boca el dedo, y solo digo
una vez y dos veces, que no es dado
a mí ni a nadie barajar contigo.»

Capítulo XL

Tornó Dios otra vez a preguntarle,
de nubes rodeado y de tronido,
a fin de más y más perficionarle.
  Y dícele: «Los lomos, Isus!, ceñido:
afila tu razón tan acendrada,
y enséñame después de haberme oído.
  Pregunto: ¿Si por ti será anulada
mi sentencia, y para ser tú bueno,
harás que mi bondad sea condenada?
  Dime: ¿tienes el pecho y brazo lleno
de fuerza, como Yo, y de valentía,
o truenas por ventura como trueno.
  Si puedes, de grandeza y gallardía,
de gloria y resplandores tu persona
adorna, como adorno yo la mía.
  Ensancha tus narices; alza, entona
la voz contra el soberbio; por el suelo
derrueca la cerviz que se enarmona.
  Rompe de la arrogancia altiva el velo,
desnuda su bajeza, y por la tierra
y bajo de tus pies la pon sin duelo.
  A los malos, si puedes, los destierra,
y cubre con mortaja; en sepultura
escura y miserable los entierra.
  Que, si esto haces, Yo por aventura
confesaré que puedes con tu mano
formar como quisieres tu ventura.
  Mas dime: ¿A behemoth quién le hizo humano,
tan manso que de yerba se mantiene,
de yerba, como buey, y heno vano?
  Con lomos fuertes sobre sí sostiene,
con fuerte vientre en lazo estrecho asido,

el castillo con cuanto en sí contiene.
   Bien es igual al cedro más crecido
la cola que menea, y lo allegado
de niervos como ramas muy tejido.
   Sus huesos, cobre con metal mezclado,
canutos son de acero sus canillas,
o de hierro durísimo colado.
   Es una de mis grandes maravillas,
de mis primeras obras señaladas,
de las que es de mí solo el destruillas.
   Los montes le dan yerba, y las cañadas,
lo que por pasto alegre bastaría
a cuantas alimañas hay juntadas.
   Mora debajo de la sombra fría
de árboles y cañas; en el cieno
y en el pantano hondo es su alegría.
   El bosque espeso y de ramas lleno
le cubre con su sombra, y la sauceda
que baña el agua es su descanso ameno.
   Del río adelgazado tiene queda,
si bebe, la corriente, y se presume
que ni el Jordán henchir su boca pueda
   Le sorbe hasta el suelo y le consume,
adonde la enterrada estaca aguda,
por la nariz herida se le sume.
   ¿Podrás al leviathán con red menuda
prenderle, o con anzuelo disfrazado
hacer que al cebo codicioso acuda?
   ¿Pondrás en su nariz cercillo osado,
o puedes travesarle las quijadas
con duro garabato entresijado?
   Humilde, a lo que creo, y ya olvidadas
las iras, te suplica blando en ruego
con palabras graciosas y enmeladas:

Y de sí mismo te hace largo entrego,
y jura no salir de tus prisiones
hasta que al mundo le consuma el fuego.
   Como a pájaro preso en los balcones
¿le tienes de tu casa, por ventura,
y hacen con él fiesta tus garzones?
   ¿Harás con él banquete en noche escura,
por dicha, a tus amigos, repartido
por los trinchantes sobre tabla dura?
   ¿En redes como a pez le habrás asido,
en nasas que compone el mimbre verde,
en garlitos de juncos le has metido?
   Yo fío que escarmiente, y que se acuerde
cualquier que le tocare con el dedo
de no trabar más lid, que tanto muerde,
   De su esperanza vana y su denuedo
traído locamente y mal burlado,
verá que de mirarle solo el miedo
le tiende por el suelo desmayado».

Capítulo XLI

«Mas ¿quién es tan osado, que a tal mostro
despierte a pelear? Pues, y conmigo,
¿quién osará ponerse rostro a rostro?»
 ¿Ganóme por la mano alguno, digo,
cuando perficioné las criaturas?
Todas son mías, y ellas son testigo.
 Mas no quiero callar ni las figuras,
ni los valientes miembros de esta fiera,
ni sus facciones, ni sus composturas.
 La tela que la cubre por defuera,
¿quién la alza? ¿Quién con duro y doble freno
le osa encabestrar la boca fiera?
 Las puertas, por do se entra al hondo seno
de su espantable boca, ¿quién las vido,
y el cerco de sus dientes de horror lleno?
 Las conchas de su cuero endurecido,
fortísimos escudos acerados,
que el uno con el otro está cosido.
 Los unos con los otros tan sellados,
que no descubren chica o grande entrada
ni para ser del aire penetrados.
 Ansí son sus escamas, tan llegada
cada una a su vecina y, tan asida,
que no podrá jamás ser apartada.
 Llama, sus estornudos, encendida;
los ojos rasgadísimos parecen
arreboles del Sol en su salida.
 Por la boca despide, y resplandecen,
centellas poderosas hechas fuego,
que en alto suben y se desparecen.
 De la nariz le sale espeso y ciego
humo, como de olla rodeada

de llama hervorosa y sin sosiego.
    Al ardor de su aliento la mojada
leña se abrasará, que es rayo ardiente
cuanto le sale por la boca airada.
    Es el reposo su cerviz valiente
de todo lo robusto y fuerte, y lleva
el destrozo ante sí continamente.
    Es maciza su carne y hecha a prueba,
sus partes muy unidas y trabadas,
no hay brazo fuerte que apartarlas pueda.
    No hay piedras ni tan duras ni apretadas,
cual es su corazón; decir te puedo,
ser más duro que yunques golpeados.
    Si alza la cabeza, no hay denuedo
que baste, que a los hombres esforzados
desata el vientre y corazón su miedo.
    De brazos poderosos arrojados,
no dardos le traspasan ni armadura,
ni en sabia fragua estoques bien templados.
    Del hierro no se guarda ni se cura
más que de flacas pajas, y el acero
es palo frágil a su carne dura.
    No huye ni de flechas ni flechero,
ni de la fuerte piedra rodeada
con estallido de honda y brazo entero
    La hacha de armas della es reputada
como si fuese astilla, y se escarnece
de lanza con cuchilla aguda armada.
    Del Sol los rayos cubre y escurece,
y se recuesta como en blando lecho
sobre puntas agudas, si se ofrece.
    Hace que hierva, cuando opone el pecho
cual olla el hondo mar, y cual caldera
adonde los aceites junta han hecho.

Deja por donde pasa gran carrera,
y hace parecer de canas llenos
los espumosos mares por defuera.
  No vive, ni en la tierra ni en los seno
hondísimos del mar tal terribleza,
de quien todos los miedos son ajenos.
  La más sublime y la mayor alteza
con desprecio soberbio burla y mira,
que el cetro de su reino y su grandeza
es sobre cuanto altivo aquí respira.

Capítulo XLII

Y finalmente, Job, reconocido,
y a los pies del Señor todo humillado,
dijo, rompiendo el pecho con gemido:
«Conozco solamente a Ti ser dado
el poder sumo, y el conocimiento
aun de lo que en el pecho está encerrado.
Pues ¿quién te encubrirá su pensamiento?
Hablé lo que no supe, y tontamente
tendí las alas sobre mí y al viento.
Mas óyeme, Señor, atentamente
y con amor agora lo que digo,
y respóndeme dulce y blandamente.
Mi trato antes de agora era contigo
tan solo por oídas; mas agora
en clara luz te veo hablar conmigo.
Por donde yo a mí mismo en esta hora
me acuso, y me reprendo, y me condeno,
y, envuelta en polvo, mi consciencia llora.»
Con esto el rostro demostró sereno
el amoroso Dios, y vuelto luego
al Temanés, habló revuelto en truenos:
«Apenas de mi enojo enfreno el fuego
que arde contra ti y tus compañeros
—dice— que de mi siervo hicistes juego.
No habláis con pechos como él sinceros;
mas tomad siete toros no domados,
y otros siete purísimos corderos:
Llevádselos, y en sancto altar quemados,
ofrézcamelos él, que es de quien fío;
seréis por su respecto perdonados.
No miraré ya a vuestro desvarío,
ni os imputaré no haber hablado,

con la sinceridad que el siervo mío.»
   Al punto, pues, cumplieron lo mandado
Lifaz, y el de Namath, y el de Suida,
y fue por Job el sacrificio alzado.
   Y Dios templó la ira concebida,
en oyendo la voz humilde y pura
de Job por sus amigos ofrecida.
   Aquí, pues, tuvo fin su desventura,
y Dios le reparó desde aquel día
a doblado mejor y más ventura.
   Que luego sus hermanos a porfía,
hermanas, conocidos, compañeros,
viniendo le cercaron de alegría.
   Se condolieron de sus males fieros,
comieron en su casa, y le entregaron
su oveja cada uno, y sus dineros.
   Bendijo Dios sus fines, que sobraron
a su feliz principio en gran manera;
en breve las riquezas se allegaron.
   De catorce millares y más era
la copia de la oveja; los camellos,
seis mil; de vacas y asnas, gran hilera.
   Siete hijos garzones, fuertes, bellos,
le tornó Dios a dar, y juntamente
tres hijas hermosísimas con ellos.
   Jaimina la primera; y la siguiente
llamada fue Quesilda; y la tercera,
Corina, en tiernos años floreciente.
   No hubo antes ni después hubiera
mujeres de belleza más dotadas,
que estas que engendró en su edad postrera.
   Dejólas muy bien puestas y hacendadas
en medio de su gente y parentela,
de placer y de bienes abastadas.

Vivió después del fin de aquesta tela
cuarenta grandes soles sobre ciento,
y vio sus cuartos nietos, y a la vela
se hizo de años lleno y de contento.

Salmos

Traducciones sagradas.
Al lector
En esta postrera parte van canciones sagradas, en las cuales procuré cuanto pude imitar la sencillez de su fuente y un sabor de antigüedad que en sí tienen, lleno a mi parecer de dulzura y majestad.
Y nadie debe tener por nuevos o por ajenos de la Sagrada Escritura los versos, porque antes le son muy propios y tan antiguos, que desde el principio de la Iglesia hasta hoy los han usado en ella muchos hombres grandes en letras y en santidad, que nombrara aquí si no temiera ser muy prolijo.
Y pluguiese a Dios que reinase esta sola poesía en nuestros oídos, y que solo este cantar nos fuese dulce, y que en las calles y en las plazas, de noche, no sonasen otros cantares, y que en éstos soltase la lengua el niño, y la doncella recogida se solazase con esto, y el oficial que trabaja aliviase su trabajo aquí. Mas ha llegado la perdición del nombre cristiano a tanta desvergüenza y soltura, que hacemos música de nuestros vicios, y, no contentos con lo secreto de ellos, cantamos con voces alegres nuestra confusión. Pero esto ni es mío ni de este lugar.
Fray Luis de León.

Salmo I. Beatus vir

Es bienaventurado
varón el que en concilio malicioso
no anduvo descuidado,
ni el paso perezoso
detuvo del camino peligroso
Y huye de la silla
de los que mofan la virtud y al bueno;
y juntos, en gavilla,
arrojan el veneno,
que anda recogido en lengua y seno.
Mas en la ley divina
pone su voluntad, su pensamiento,
cuando el día se inclina,
y el claro nacimiento
lo escuro de la noche da su asiento.
Será cual verde planta,
que, a las corrientes aguas asentada,
al cielo se levanta
con fruta sazonada,
de hermosas hojas siempre coronada.
Será en todo dichoso,
seguro de la suerte que se muda.
No ansí el malo y dañoso,
cual si el viento sacuda
la paja de la era muy menuda.
Por esto al dar la cuenta,
la causa de los malos, como vana,
caerá con grande afrenta;
allí la cortesana,
santa nación huirá de la liviana.
Porque Dios el camino
sabe bien de los justos, que es su historia;

del otro desatino
de la maldad memoria
no habrá, como de baja y vil escoria.

Salmo XI. Salvum me fac, Domine

¡Oh! ¡Sálvame, Señor!, que no hay ya bueno,
que faltan las verdades;
y trata aun con quien tiene dentro el seno
cada uno falsedades;
Con labios halagüeños cada uno,
y con dos corazones.
No dejes de estos labios, Dios, ninguno,
ni destos fanfarrones
Que dicen: «Prometamos largamente:
mi boca está en mi mano.
¿Qué cuesta el hablar largo, o qué viviente
me estorbará el ser vano?».
Mas dice Dios: «Ya vengo, conmovido
de los menesterosos,
de sus agravios dellos, del gemido
de los pobres llorosos,
A serles su salud y su bonanza,
y soplo favorable».
Y son, Señor, tus dichos sin mudanza,
y son firmeza estable.
Son en hornaza, plata, en fuego ardiente
mil veces apurada;
y ansí nos librarás eternamente,
Señor, desta malvada,
Desta malvada gente, que contino
nos cerca a la redonda,
y crece, porque tu saber divino
y tu grandeza honda
Les da pasar en gozo, y en convites,
y ansí se lo permites.

Salmo XII. Usquequo, Domine

¡Dios mío! ¿Hasta cuándo
ha de durar aqueste eterno olvido
que vas conmigo usando?
¿Hasta cuándo, ofendido
de mí, tu rostro mostrarás torcido?
Y entre consejos ciento,
¿hasta cuándo andaré desatinado?
¡Ay duro y gran tormento!
¿Hasta cuándo hollado
seré del enemigo crudo, airado?
Convierte ya tu cara,
aplica a mis querellas tus oídos,
¡Dios mío!, y con luz clara
alumbra mis sentidos,
no sean del mortal sueño oprimidos.
No pueda mi adversario
decir: «Prevalecíle en algún día».
Que si el duro contrario
viese la muerte mía,
extremos de placer y gozo haría.
Mas tu misericordia,
en quien, Señor, confío, me asegura;
henchirá la victoria
mi alma de dulzura.
Yo cantaré, y diré que soy tu hechura.

Salmo XVII. Diligam te, Domine

Con todas las entrañas de mi pecho
te abrazaré, mi Dios, mi esfuerzo y vida,
mi cierta libertad y mi pertrecho,
Mi roca, donde tengo mi guarida;
mi escudo fiel, mi estoque victorioso,
mi torre bien murada y bastecida.
De mil loores digno, Dios glorioso,
siempre que te llamé te tuve al lado,
opuesto al enemigo, a mí amoroso.
De lazos de dolor me vi cercado,
y de espantosas olas combatido,
de mil mortales males rodeado.
Al cielo voceé, triste, afligido;
oyérame el Señor desde su asiento;
entrada a mi querella dio en su oído.
Y luego de la tierra el elemento
airado estremeció; turbó el sosiego
eterno de los montes su cimiento.
Lanzó por las narices humo, y fuego
por la boca lanzó; turbóse el día,
la llama entre las nubes corrió luego.
Los cielos doblegando descendía,
calzado de tinieblas, y en ligero
caballo por los aires discurría.
En Querubín sentado, ardiente y fiero,
en las alas del viento que bramaba,
volando por la tierra y mar velero;
Y de tinieblas todo se cercaba,
metido como en tienda en agua escura
de nubes celestiales, que espesaba.
Y como dio señal con su luz pura,
las nubes arrancando acometieron

con rayo abrasador, con piedra dura.
Tronó, rasgando el cielo; estremecieron
los montes, y, llamados del tronido,
más rayos y más piedras descendieron.
Huyó el contrario roto y desparcido
con tiros y con rayos redoblados;
allí queda uno muerto, allí otro herido.
En esto, de las nubes despeñados
con su soplo mil ríos, hasta el centro
dejaron hecha rambla en monte, en prados.
Lanzó desde su altura el brazo adentro
del agua, y me sacó de un mar profundo;
libróme del hostil y crudo encuentro.
Libróme del mayor poder del mundo;
libróme de otros mil perseguidores,
a cuyo brazo el mío es muy segundo.
Dispuestos en mi daño y veladores
vinieron de improviso, y ya vencían;
mas socorrió con fuerzas Dios mayores.
Ya dentro en cerco estrecho me tenían;
mi Dios abrió espacioso y largo paso,
porque mi vida y obras le aplacían.
No se mostró en la paga corto, escaso
el premio; y la virtud y mi inocencia
vinieron, y su gracia al mismo paso.
Porque perpetuamente en mi presencia
sus leyes conservé, sus santos fueros
ni por amor quebré, ni por violencia.
Jamás fueron al mal mis pies ligeros;
huí todo lo que es de Dios ajeno,
no me aparté jamás de sus senderos.
A las llanas anduve, entero y bueno,
delante del Señor continuamente,
y siempre a mi apetito puse freno.

Y ansí correspondió perfectamente
el premio a mi justicia, a mi pureza,
que siempre ante sus ojos fue presente.
Que cual cada uno vive, ansí tu Alteza
se hace con el bueno, y bueno, y pío
y llano con el que usa de llaneza.
Con el puro te apuras, Señor mío;
a cautelas, cautela; a mañas, maña;
y al desvarío pagas desvarío.
En cuanto el Sol rodea y la mar baña,
te muestras al humilde favorable,
y abates la altivez con ira y saña.
Siempre lució ante mí tu luz amable,
y en mis peligros todos siempre tuve
de tu bondad consejo saludable.
Por Ti traspaso el muro, que más sube;
por Ti, por los opuestos escuadrones
rompiendo victorioso y salvo anduve.
El caso es que la regla y ley que pones
lo bueno es y lo puro, y ansí escuda
aquellos que le dan sus corazones.
¿Quién hay fuera de Ti, Señor, que acuda,
cuando la fuerza y seso desfallece?
¿Qué roca hay que asegure sin tu ayuda?
Dios es el que me anima y fortalece,
el que todos mis pasos encamina,
y hace que ni caiga ni tropiece.
Pusiste ligereza en mí vecina
al gamo; y me defiendes, colocado
en risco que a las nubes se avecina.
Por Ti la espada esgrimo; tu cuidado
hace mi brazo diestro en la pelea,
y fuerte más que acero bien templado.
Tu amparo, como escudo me rodea;

tu diestra me da fuerza, tu blandura
me sube a todo el bien que se desea.
Dotaste de presteza y de soltura
mis pasos, que jamás en la carrera
doblaron por trabajo ni longura.
Seguía, y alcanzaba la bandera
contraria que huía, y no tornaba
sin primero hacer matanza fiera.
De los que destrozados derrocaba,
jamás se levantó ningún caído,
y con pie poderoso los hollaba.
De fortaleza de ánimo ceñido
por Ti fui en la batalla, por Ti vino
el que se rebeló, ante mí rendido.
Por Ti, sin corazón y sin camino,
huyó de mi cuchillo el enemigo;
desorden fue a su escuadra y desatino.
Buscaban voceando algún abrigo,
y no hubo valedor; a Ti llamaron,
y ni rogado Tú les fuiste amigo.
En partes menudísimas quedaron
deshechos por mi mano; como el viento,
volando, lleva el polvo, ansí volaron.
Librásteme, Señor, del movimiento
del pueblo bandolero; a mi corona
sujetos allegaste pueblos ciento.
Quien nunca vi, me sirve y me corona;
apenas le hablé, ya me obedece;
a su natural miente, a mí me abona.
Esto hace el extraño. El que parece
mío, no mío ya, mas extranjero,
cerrado en sus miserias vil perece.
¡Vívame, mi Señor, mi verdadero
peñasco, mi bendito, mi ensalzado,

mi Dios, y mi salud y gozo entero!
Tú de venganzas justas has hartado
mi pecho, y no contento con vengarme,
mil gentes a mi cetro has sujetado.
No te satisficiste con librarme
del opresor injusto; hasta el cielo
te plugo sobre todos levantarme.
Por todo el habitable y ancho suelo
celebraré tu nombre, y tus loores,
mi voz de Ti, cantando alzará el vuelo.
De Ti, que te esmeraste en dar favores
a tu querido Rey, a tu Mesías;
que amparas de David los sucesores,
en cuanto tras las noches van los días.

Salmo XVIII. Caeli enarrant

Los cielos dan pregones de tu gloria,
anuncia el estrellado tus proezas;
los días te componen clara historia,
las noches manifiestan tus grandezas.
No hay habla ni lenguaje tan diverso,
que a las voces del cielo no dé oído:
corre su voz por todo el universo;
su son de polo a polo ha discurrido.
Allí hiciste al Sol rica morada,
allí el garrido esposo y bello mora;
lozano y valeroso su jornada
comienza, y corre y pasa en breve hora.
Traspasa de la una a la otra parte
el cielo, y con su rayo a todos mira.
Mas ¡cuánto mayor luz, Señor, reparte
tu ley, que del pecado nos retira!
Tus ordenanzas, Dios, no son antojos;
avisos sabios son, al terco pecho;
Tus leyes alcohol de nuestros ojos,
tu mandado alegría y fiel derecho.
Tenerte es bien jamás perecedero,
tus fuerzas son verdad justificada;
Mayor codicia ponen que el dinero,
más dulces son que miel muy apurada.
Amarte es abrazar tus mandamientos,
guardallos mil riquezas comprehende;
Mas ¿quién los guarda, o quién sus movimientos
o todos los nivela o los entiende?
Tú limpia en mí, Señor, lo que no alcanzo,
y libra de altivez el alma mía,
que si victoria deste vicio alcanzo,
derrocaré del mal la tiranía.

Darásme oído entonces; yo contino
diré: Mi Redentor, mi bien divino.

Salmo XXIV. Ad te, Domine, levavi

Aunque con más pesada
mano, mostrando en mí su desvarío
la suerte dura, airada,
me oprima a su albedrío,
levantaré mi alma a Ti, Dios mío
En Ti mi alma repuso
de su bien la defensa y de su vida;
no quedaré confuso,
ni la gente perdida
se alegrará soberbia en mi caída.
Porque jamás burlados
los que esperando en Ti permanecieron
serán, ni avergonzados;
confusos siempre fueron
los que sin causa al bueno persiguieron.
Enséñame por dónde
caminaré, dónde hay deslizaderos,
y el lazo dó se esconde;
con pie y huellos ligeros,
Señor, me enseña a andar por tus senderos.
Guíame de contino,
Señor, por tu camino verdadero,
pues solo a Ti me inclino,
y a Ti solo yo quiero,
y siempre en Ti esperando persevero.
Que es tuyo el ser piadoso
esté siempre presente en tu memoria,
y el número copioso
de tu misericordia
de que está llena toda antigua historia.
Conforme a mis maldades
no me mires, Señor, con ojos de ira;

conforme a tus piedades
por tu bondad me mira,
por tu bondad, por quien todo respira.
Es bueno, y juntamente
es fiel y justo Dios; al que sin tino
va ciega y locamente
redúcele benino,
mas con debido azote al buen camino.
A los mansos aveza
que sigan de sus huellas las pisadas;
a la humilde llaneza
por sendas acertadas
la guía, y por razón justificadas.
Todo es misericordia
y fe, cuanto Dios obra y tiene obrado
por la antigua memoria,
con los que su sagrado
concierto y lo por Dios testificado
Conservan; y por tanto
que des dulce perdón, Señor, te pido
por el tu nombre santo
a lo que te he ofendido,
¡ay triste!, que es muy grave y muy crecido.
Mas ¡cuál y cuán dichoso
aquel varón será, que de Dios fuere
y su ley temeroso!
Irá Dios donde él fuere,
será su luz en todo lo que hiciere.
Su alma, en descansada
vida, de bienes mil enriquecida,
reposará abastada;
la tierra poseída
de su casa será y esclarecida.
A los que le temieren

hará Dios su secreto manifiesto;
a los que le sirvieren,
el tesoro repuesto
que en su ley y promesa tiene puesto.
Mis ojos enclavados
tengo, Señor, en Ti la noche y día,
porque mis pies sacados,
según mi fe confía,
serán por Ti del lazo y su porfía.
Tus brazos amorosos
abre, Señor, a mí con rostro amado,
con ojos piadosos,
porque, desamparado,
soy pobre yo y de todos desechado.
Los lazos de tormento,
que estrechamente ciñen mi afligida
alma, ya son sin cuento.
¡Ay Dios!, libra mi vida
de suerte tan amarga y abatida
Atiende a mi bajeza;
mira mi abatimiento; de mi pena
contempla la graveza;
con mano de amor llena
rompe de mis pecados la cadena.
Y mira cómo crecen
mis enemigos más cada momento,
y cómo me aborrecen
con aborrecimiento
malo, duro, cruel, fiero, sangriento.
Por Ti sea guardada
mi alma y mi salud; de tan tirano
poder sea librada;
mi fe no salga en vano,
pues me puse, Señor, todo en tu mano.

Al fin, pues que te espero,
valdráme la verdad y la llaneza;
mas sobre todo quiero
que libre tu grandeza
a tu pueblo de angustia y de tristeza.

Salmo XXVI. Dominus illuminatio

Dios es mi luz y vida,
¿quién me podrá dañar? Mi fortaleza
es Dios y mi manida;
¿qué fuerza o qué grandeza
pondrá en mi corazón miedo o flaqueza?
Al mismo punto cuando
llegaba por tragarme el descreído,
el enemigo bando,
yo firme y él caído
quedó, y avergonzado y destruido.
Si cerco me cercare,
no temerá mi pecho; y si sangrienta
guerra se levantare,
o si mayor tormenta,
en éste espero yo salir de afrenta.
A Dios esto he pedido
y pediré, que cuanto el vivir dura,
repose yo en su nido,
para ver su dulzura
y remirar su cara y hermosura.
Que allí en el día duro
debajo de su sombra ahinojado,
y en su secreto muro,
me defendió cercado,
como en roca firmísima ensalzado.
Y también veré agora
de aquestos que me cercan el quebranto,
y donde Dios se adora,
le ofreceré don santo
de gozo, de loor, de dulce canto.
Inclina, ¡oh Poderoso!,
a mi voz, que te llama, tus oídos;

cual siempre piadoso
te muestra a mis gemidos;
sean de Ti mis ruegos siempre oídos.
A Ti, dentro en mi pecho,
dijo mi corazón, y con cuidado
en la mesa, en el lecho,
mis ojos te han buscado,
y buscan hasta ver tu rostro amado.
No te me ascondas, bueno;
no te apartes de mí con faz torcida,
pues ya tu dulce seno
me fue cierta guarida;
no me deseches, no, Dios de mi vida.
Mi padre en mi terneza
faltó, y quitó a mi madre el nombre caro
de madre su crueza;
mas Dios con amor raro
me recogió debajo de su amparo.
Muéstrame tu camino;
guía, Señor, por senda nunca errada
mis pasos de contino;
que no me dañen nada
los puestos contra mí siempre en celada.
No me des en la mano
de aquestos que me tienen afligido;
con testimonio vano
crecer de mí han querido,
y al fin verán que contra sí han mentido.
Yo espero firmemente,
Señor, que me he de ver en algún día
a tus bienes presente,
en tierra de alegría,
de paz, de vida y dulce compañía.
No concibas despecho;

si se detiene Dios, ¡oh alma!, espera;
dura con fuerte pecho;
con fe acerada, entera,
aguarda, atiende, sufre, persevera.

Salmo XXXVIII. Dixi, custodiam

Dije: Sobre mi boca
el dedo asentaré; tendré cerrada
dentro la lengua loca,
porque, desenfrenada
con el agudo mal, no ofenda en nada
Pondréla un lazo estrecho;
mis ansias pasaré graves conmigo;
ahogaré en mi pecho
la voz, mientras testigo
y de mi mal juez es mi enemigo.
Callando como mudo
estuve, y de eso mismo el detenido
dolor creció más crudo;
y en fuego convertido,
desenlazó la lengua y el sentido.
Y dije: «Manifiesto
el término de tanta desventura
me muestra, Señor, presto;
será no tanto dura,
si sé cuándo se acaba y cuánto dura».
¡Ay! Corta ya estos lazos,
pues acortaste tanto la medida,
pues das tan cortos plazos
a mi cansada vida;
¡ay!, ¡cómo el hombre es burla conocida!
¡Ay!, ¡cómo es sueño vano,
imagen sin sustancia que, volando,
camina! ¡Ay! ¡Cuán en vano
se cansa, amontonando,
lo que deja y no sabe a quién ni cuándo!
Mas yo, ¿en qué espero agora
en mal tan miserable mejoría?

En Ti, en quien solo adora,
en quien solo confía,
en quien solo descansa la alma mía.
De todos (que sin cuento
mis males son) me libra; y a mi ruego
te muestra blando, atento;
no me pongas por juego
y burla al ignorante vulgo y ciego.
En nadie fundo queja
callando, y, mudo, paso mi fatiga;
y digo, si me aquejo
mi culpa, es mi enemiga,
y que tu justa mano me castiga.
Mas usa de clemencia;
levanta ya de mí tu mano airada,
tu azote, tu sentencia;
que la carne gastada,
y la fuerza del alma está acabada.
No gasta la polilla
así como tu enojo y tu porfía
contra quien se amancilla;
consúmesle en un día,
que al fin el hombre es sueño y burlería.
Presta a mi ruego oído;
atiende a mi clamor; sea escuchado
mi lloro dolorido,
pues pobre y desterrado
como mis padres, vivo a ti allegado.
¡Oh! Da una pausa poca;
suspende tu furor para que pueda
con risa abrir la boca,
en vida libre y leda,
aqueste breve tiempo que me queda.

Salmo XLI. Quemadmodum desiderat

Como la cierva brama
por las corrientes aguas, encendida
en sed, bien ansí clama
por verse reducida
mi alma a Ti, mi Dios, y a tu manida
Sed tiene el alma mía
del Señor, del viviente y poderoso.
¡Ay! ¿Cuándo será el día
que tornaré gozoso
a verme ante tu rostro glorioso?
La noche estoy llorando
y el día, y solo aquesto es mi sustento,
en ver que preguntando
me están cada momento:
«¿Tu Dios, di, dónde está, tu fundamento?»
Y en lloro desatado
derramo el corazón con la memoria
de cuando rodeado
iba de pueblo y gloria,
haciendo de tus loas larga historia.
Mas digo: «¿Por qué tanto
te afliges? Fía en Dios, ¡oh alma mía!
que con divino canto
yo cantaré algún día
las sus saludes y la mi alegría».
Y crece más mi pena,
Dios mío, de esto mismo que he cantado,
viéndome en el arena
de Hermón, y despoblado
de Misgaro, de ti tan acordado.
Y ansí viene llamada
una tormenta de otra, y con ruido

descarga una nubada
apenas que se ha ido
la otra, y de mil olas soy batido.
Mas nacerá, yo espero,
el día en que usará de su blandura
mi Dios; en tanto quiero,
mientras la noche dura,
cantalle y suplicalle con fe pura.
Decille he: «¡Oh mi escudo!
¿Por qué me olvidas, di? ¿Por qué has querido
que el enemigo crudo
me traiga ansí afligido,
con negro manto de dolor vestido?».
Como maza pesada
los huesos quebrantó en partes ciento,
la voz desvergonzada,
que cada día siento
decir: «¿Dó está tu Dios, tu fundamento?».
Mas no te acuites tanto;
en el Señor espera, ¡oh alma mía!,
que con debido canto
yo le diré algún día:
«Mi Dios y mi salud y mi alegría.»

Traducción y explicación del Salmo 41 por fr. Luis de León.

Quemadmodum desiderat cervus, etc.

1. Como la cierva brama a los arroyos de las aguas, ansí mi alma brama a ti, Señor.
2. Sed tuvo el alma mía del Señor, del Fuerte, del Viviente. ¿Cuándo vendré y aparesceré ante las faces del Señor?

3. Fue mi lloro a mí pan de día y noche, en decirme cada día: ¿Dó es el Señor tuyo?
4. Acordéme de esto, y derramé mi alma en mí, de que anduve en compañía; anduve paso ante paso con ellos hasta la casa del Señor, en voz de alarido y de alabanza, y en estruendo de danzas.
5. ¿Por qué te encoges, por qué bramas en mí, alma mía? Espera en el Señor, que aun le agradescerá las saludes de las sus faces.
6. ¡Dios mío! Mi alma se encoge en mí, en ansí membrarme de ti en tierra del Jordán, y de Hermonim en el monte Mitzehar.
7. Un piélago vocea a otro piélago con voz de tus canales: todas tus avenidas y tus olas sobre mí han pasado.
8. Dios [habrá que] mandará Dios su misericordia, y [agora] en [esta] noche su cantar conmigo: oración [haré] a Dios de mi vida.
9. Diré a Dios: «Fortaleza mía, ¿por qué me olvidas? ¿Por qué me trae vestido de duelo el perseguirme el enemigo?».
10. Matador [cuchillo] en mis huesos es haberme escarnecido los mis enemigos, diciéndome cada día: ¿Dó es el Dios tuyo?
11. ¿Por qué te encoges, alma mía, y por qué bramas en mí?
12. Espera en el Señor, que aun le bendeciré, diciendo: «Salud es de la mi cara, y mi Señor».

155

Salmo XLIV. Eructavit

Un rico y soberano pensamiento
me bulle dentro el pecho:
a Ti, divino Rey, mi entendimiento
dedico, y cuanto he hecho.
A Ti yo lo enderezo, y celebrando
mi lengua tu grandeza,
irá como escribano volteando
la pluma con presteza.
Traspasas en beldad a los nacidos,
en gracia estás bañado;
que Dios en ti a sus bienes escogidos,
eterno asiento ha dado.
¡Sus! Ciñe ya tu espada, poderoso,
tu prez y hermosura;
tu prez, y sobre carro glorioso
con próspera ventura.
Ceñido de verdad y de clemencia,
y de bien soberano,
con hechos hazañosos su potencia
dirá tu diestra mano.
Los pechos enemigos tus saetas
traspasen herboladas;
y besen tus pisadas las sujetas
naciones derrocadas.
Y durará, Señor, tu trono erguido
por más de mil edades;
y de tu reino el cetro esclarecido
cercado de igualdades.
Prosigues con amor lo justo y bueno;
lo malo es tu enemigo;
y ansí te colmó, ¡oh Dios!, tu Dios el seno
más que a ningún tu amigo.

Las ropas de tu fiesta, producidas
de los ricos marfiles,
despiden en ti puestas, descogidas,
olores mil, gentiles.
Son ámbar y son mirra y son preciosa
algalia sus olores;
rodéate de infantas copia hermosa,
ardiendo en tus amores.
Y la querida Reina está a tu lado
vestida de oro fino;
pues, ¡oh tú, ilustre hija!, pon cuidado,
atiende de contino.
Atiende y mira, y oye lo que digo:
si amas tu grandeza,
olvidarás de hoy más tu pueblo amigo
y tu naturaleza.
Que el Rey por ti se abrasa, y tú le adoras,
que Él solo es Señor tuyo,
y tú también por él serás señora
de todo el gran bien suyo.
El Tiro y los más ricos mercaderes,
delante Ti humillados,
te ofrecen desplegando sus haberes,
los dones más preciados.
Y anidará en ti toda hermosura,
y vestirás tesoro;
y al Rey serás llevada en vestidura
y en recamados de oro.
Y juntamente al Rey serán llevadas
contigo otras doncellas;
irán siguiendo todas tus pisadas,
y tú delante dellas.
Y con divina fiesta y regocijos
te llevarán al lecho,

do en vez de tus abuelos tendrás hijos
de claro y alto hecho.
A quien del mundo todo repartido
darás el cetro y mando.
Mi canto por los siglos extendido
tu nombre irá ensalzando.
Celebrará tu gloria eternamente
toda nación y gente.

Salmo LXXI. Deus, iudicium

Señor, da al Rey tu vara,
y al hijo del Rey tu monarquía,
que con justicia rara
él solo regirá tu señoría.
Alcanzarán derecho
los valles por su mano, y los collados
no turbarán el pecho
del vulgo, ni los cerros encumbrados.
Harán más sinjusticia,
porque él dará el debido a cada uno,
al humilde justicia,
salud al injuriado, al importuno
Injuriador quebranto;
serás temido Tú, mientras luciere
el Sol y Luna, en cuanto
la rueda de los siglos se volviere.
Influirá amoroso
cual la menuda lluvia y cual rocío
en prado delicioso;
florecerá en su tiempo el poderío
Del bien, y una pujanza
de paz, que durará no un siglo solo;
su reino rico alcanza
de mar a mar y de uno al otro polo.
Y, puesto ante él, postrado
el negro montesino, el enemigo,
el polvo besa hollado.
Los reyes de la mar con pecho amigo,
y Grecia y los Romanos
con los isleños todos, los Sabeos,
los Árabes cercanos,
tributo le darán; y los deseos

De todos los vivientes
a sí convertirá; las más lucidas
coronas de las gentes
todas adorarán, ante Él caídas;
Por cuanto por su mano
será librado el pobre, que oprimía
el soberbio tirano,
el triste a quien amparo fallecía.
Sobre el menesteroso
derramará perdón; la empobrecida
alma con don piadoso
será por Él del daño redimida,
Y de la violencia,
la sangre del cuitado muy preciosa.
Delante su presencia,
y a vida le reduce muy gloriosa;
Y dale ricos dones,
por donde, agradecido de contino,
con debidos pregones,
ensalzará sus loas; su divino
Amor, sin pausa alguna,
por Él será bendito. ¡Oh siglos de oro!,
cuando tan solo una
espiga, sobre el cerro tal tesoro,
Producirá sembrada,
de mieses ondeando cual la cumbre
del Líbano ensalzada;
cuando con más largueza y muchedumbre
Que el heno, en las ciudades,
el trigo crecerá. Por do despliega
la fama en mil edades
el nombre de este Rey, y al cielo llega,
El nombre que, primero
que el Sol manase luz, resplandecía:

en quien hasta el postrero
mortal será bendito; a quien de día,
De noche celebrando,
las gentes darán loa y bienandanza,
y dirán alabando:
«Señor, Dios de Israel, ¿qué lengua alcanza
A tu debida gloria?
De maravillas solo Autor, bendito
Tú seas; tu memoria
vaya de gente en gente en infinito
Espacio, y hincha el suelo
tu sacra majestad, cual hinche el cielo.»

Salmo LXXXVII. Domine, Deus salutis meae

Señor de mi salud, mi solo muro,
juez de mi defensa, a Ti voceo,
cuando está el aire claro, cuando escuro.
Entrada en tu presencia sin rodeo,
y halle en tus oídos libre entrada
la dolorida voz de mi deseo.
De males crudos, de dolor colmada
el alma, y casi ya en la sepultura
está la vida breve y fatigada.
Con los que moran la región escura
y triste, con aquéllos soy contado
a quien faltó el amparo y la ventura.
Libre y cautivo vivo, y sepultado,
cual el que duerme ya en eterno olvido,
del todo de tu mano desechado.
Pusísteme en el pozo más sumido,
adonde a la redonda me contienen
abismos, y tinieblas, y gemido.
Asiento en mí tus sañas firme tienen,
y sobre mi cabeza sucediendo
de tu furor las olas van y vienen.
Su rostro mis amigos encubriendo,
porque, Señor, lo quieres, me declinan,
o por mejor decir, se van huyendo.
Antes me huyen, antes me abominan;
contalles mis razones yo quisiera,
a quien, ¡ay!, tus entrañas no se inclinan.
En cárcel me detienes ansí fiera,
que ni la pluma ni la voz se extiende
a publicar mi pena lastimera.
Cegado he con la lluvia, que desciende
contina de mis ojos, y contino

el grito a Ti y los brazos la alma tiende,
Y dice: ¿Si verán tu bien divino
los polvos? ¿O los huesos enterrados
tus loas si dirán, con canto dino,
Tus hechos en la huesa celebrados?
¿Será de tus grandezas hecha historia
en la callada tumba, en los finados?
¿En las tinieblas lucirá tu gloria?
¿O por ventura habrá de tus loores
en la región de olvido gran memoria?
No ceso de enviarte mil clamores,
y aun antes que despiertes Tú la aurora,
despierto a referirte mis dolores.
¿Por qué, Señor, tu pecho, do el bien mora,
desprecia ansí las voces de un caído,
y huyes de mirarme más cada hora?
Bien sabes de mi vida cuánto ha sido
el curso miserable, y cuán cuitado
los golpes de tu saña he sostenido.
Encima de mis cuestas han pasado
las olas de tus iras; tus espantos
me tienen consumido y acabado.
Un mar me anega de miseria y llantos;
no en partes, sino juntos me rodean
un escuadrón terrible de quebrantos.
A los que mi salud y bien desean,
a todos de mí, triste, los destierras,
y porque en nada a mi dolor provean,
en sus secretos, crudo, los encierras.

Salmo CII. Benedic, anima mea, Domino, et omnia. [1ª versión]

Alaba a Dios contino, ¡oh alma mía!,
y todas mis entrañas dad loores
a su glorioso nombre noche y día.
Alaba, y nunca olvides sus favores,
sus dones tan diversos del debido
a tus malvados hechos y traidores.
Él te perdona cuanto has ofendido,
y pone saludable medicina
en todo lo que en ti quedó herido.
Tu vida, que al sepulcro está vecina,
él mismo la repara, y te hermosea
con ricos dones de piedad divina.
Bastécete de cuanto se desea;
cual águila será por él trocada
en bella juventud tu vejez fea.
Hace justicia Dios muy apurada;
da Dios a los opresos su derecho,
a los que oprime nuestra mano osada.
Notificó su ingenio y dulce pecho
al santo Moisés, a su querido
pueblo manifestó su estilo y hecho.
Y dijo: «Para todo lo nacido
soy de entrañable amor, soy piadoso,
soy largo en perdonar, la ira olvido».
No tiene en sus entrañas ni reposo
la saña, ni sosiego, ni le dura
entero en ira el pecho corajoso.
No fue el castigo cual la desmesura;
mas, al contrario, incomparablemente
la pena es menos que la culpa dura.
Cuanto se encumbra el cielo reluciente
sobre la baja tierra, tanto crece

su amor sobre la humilde y llana gente.
Lo que hay de do el Sol nace a do anochece,
tanto por su clemencia siempre usada
de nos nuestra maldad se desparece.
Con las entrañas que la madre amada
abraza a sus hijuelos, tan amable
te muestras a tu gente regalada.
Conoces nuestro barro miserable,
y tienes dibujado en tu memoria
que nuestro ser es polvo vil, instable.
De nuestros años la más larga historia
es heno, y tierna flor que en un momento
florece, y muere su belleza y gloria.
Pasó sobre ella un flaco soplo, un viento,
y como si jamás nacido hubiera,
aún no conocerás dó tuvo asiento.
La gracia de Dios siempre es duradera
en quien dura en su amor, y sucediendo
por mil generaciones persevera.
En los que su ley santa obedeciendo,
la escriben en su alma, y sin olvido
y velando la cumplen y durmiendo.
No solo reinas sobre el Sol lucido,
más tu corona alcanza y comprehende
cuanto será jamás y cuanto ha sido.
El coro, el cerco que en tu amor se enciende
déte loor; el coro poderoso,
el que a tu voz alerto siempre atiende.
Bendígate el ejército hermoso
de todas las lumbreras celestiales,
a quien hacer tu gusto es deleitoso.
Bendígante tus obras celestiales;
loores déte cuanto el mundo cría:
la mar, la tierra, el aire, los mortales.

Y alábate también el alma mía.

Salmo CII. Benedic, etc. [1ª versión]

Alaba, ¡oh alma!, a Dios, y todo cuanto
encierra en sí tu seno
celebre con loor tu nombre santo,
de mil grandezas lleno.
Alaba, ¡oh alma!, a Dios, y nunca olvide
ni borre tu memoria
sus dones en retorno a lo que pide
tu torpe y fea historia.
Que Él solo por sí solo te perdona
tus culpas y maldades,
y cura lo herido y desencona
de tus enfermedades.
Él mismo de la huesa a la luz bella
restituyó tu vida;
cercóla con su amor, y puso en ella
riqueza no creída.
Y en esto que te viste y te rodea
también pone riqueza;
así renovarás lo que te afea,
cual águila en belleza.
Que, al fin, hizo justicia y dio derecho
al pobre saqueado:
tal es su condición, su estilo y hecho,
según lo ha revelado.
Manifestó a Moisés sus condiciones
en el monte subido;
lo blando de su amor y sus perdones
a su pueblo escogido.
Y dijo: «Soy amigo y amoroso
soportador de males;
muy ancho de narices, muy piadoso
con todos los mortales».

No riñe y no se amansa; no se aíra,
y dura siempre airado;
no hace con nosotros ni nos mira
conforme a lo pecado.
Mas cuanto al suelo vence y cuanto excede
el cielo reluciente,
su amor tanto se encumbra y tanto puede
sobre la humilde gente.
Cuan lejos de do nace, el Sol fenece
el soberano vuelo,
tan lejos de nosotros desparece
por su perdón el duelo.
Y con aquel amor que el padre cura
su hijos regalados,
la vida tu piedad, y el bien procura
de tus amedrentados.
Conoces, a la fin, que es polvo y, tierra
el hombre, y torpe lodo;
contemplas la miseria que en sí encierra,
y le compone todo.
Es heno su vivir, es flor temprana,
que sale, y se marchita;
un flaco soplo, una ocasión liviana
la vida y ser le quita.
La gracia del Señor es la que dura,
y firme persevera,
y va de siglo en siglo su blandura
en quien en Él espera;
En los que su ley guardan y sus fueros
con viva diligencia,
en ellos, en los nietos y herederos
por larga descendencia.
Que ansí do se rodea el Sol lucido
estableció su asiento,

que ni lo que será, ni lo que ha sido
es de su imperio exento.
Pues lóente, Señor, los moradores
de tu rica morada,
que emplean valerosos sus ardores
en lo que más te agrada.
Y alábete el ejército de estrellas,
que en alto resplandecen;
que siempre en tus caminos, claras, bellas,
tus leyes obedecen.
Alábente tus obras, todas cuantas
la redondez contiene;
los hombres y los brutos y las plantas,
y lo que las sostiene.
Y alábete con ellos noche y día
también el alma mía.

Salmo CIII. Benedic, anima mea, Domino: Domine Deus

Alaba, ¡oh alma!, a Dios: Señor, tu alteza,
¿qué lengua hay que la cuente?
Vestido estás de gloria y de belleza
y luz resplandeciente.
Encima de los cielos desplegados
al agua diste asiento;
las nubes son tu carro, tus alados
caballos son el viento.
Son fuego abrasador tus mensajeros,
y trueno y torbellino;
las tierras sobre asientos duraderos
mantienes de contino.
Los mares las cubrían de primero
por cima los collados,
mas visto de tu voz el trueno fiero
huyeron espantados.
Y luego los subidos montes crecen,
humíllanse los valles;
si ya entre sí hinchados se embravecen,
no pasarán las calles:
Las calles que les diste y los linderos,
ni anegarán las tierras:
descubres minas de agua en los oteros,
y corre entre las sierras.
El gamo y las salvajes alimañas
allí la sed quebrantan;
las aves nadadoras allí bañas,
y por las ramas cantan.
Con lluvia el monte riegas de tus cumbres,
y das hartura al llano;
ansí das heno al buey, y mil legumbres
para el servicio humano.

Ansí se espiga el trigo, y la vid crece
para nuestra alegría:
la verde oliva ansí nos resplandece,
y el pan da valentía.
De allí se viste el bosque y la arboleda,
y el cedro soberano,
adonde anida la ave, adonde enreda
su cámara el milano.
Los riscos a los corzos dan guarida,
al conejo la peña;
por Ti nos mira el Sol, y su lucida
hermana nos enseña
los tiempos. Tú nos das la noche escura,
en que salen las fieras;
el tigre, que ración con hambre dura
te pide y voces fieras.
Despiertas el aurora, y de consuno
se van a sus moradas.
Da el hombre a su labor sin miedo alguno
las horas situadas.
¡Cuán nobles son tus hechos y cuán llenos
de tu sabiduría!
Pues ¿quién dirá el gran mar, sus anchos senos
y cuantos peces cría;
Las naves que en él corren, la espantable
ballena que le azota?
Sustento esperan todos saludable
de Ti, que el bien no agota.
Tomamos, si Tú das; tu larga mano
nos deja satisfechos;
si huyes, desfallece el ser liviano,
quedamos polvo hechos.
Mas tornará tu soplo, y renovado
repararás el mundo.

Será sin fin tu gloria, y Tú alabado
de todos sin segundo.
Tú que los montes ardes, si los tocas,
y al suelo das temblores;
cien vidas que tuviera y cien mil bocas
dedico a tus loores.
Mi voz te agradará, y a mí este oficio
será mi gran contento:
no se verá en la tierra maleficio,
ni tirano sangriento.
Sepultará el olvido su memoria;
tú, alma, a Dios da gloria.

Salmo CVI. Confitemini Domino

Cantemos juntamente
cuán bueno es Dios con todos, cuán clemente.
Canten los libertados,
los que libró el Señor del poderío
del áspero enemigo, conducidos
de reinos apartados,
de Oriente, de Poniente y Cierzo frío,
del Ábrego templado; que perdidos
por yermos no corridos,
sin encontrar poblado vagueaban,
ansiosos voceaban
remedio de su mal a Dios rogando;
el cual luego inclinando
su oído benino
con amor piadoso
salvos los puso en buen camino,
y colocó en reposo.
Pues lóenle contino,
porque hartó la hambre, y al cuitado
hizo de ricos dones abastado;
y digan: «Inmortales
loores, ¡oh Señor!, te den tus obras,
tu amor con los mortales,
las grandes maravillas que en nos obras».
Aquellos que en cadena
moraron, en horror, en noche escura,
de hierros rodeados y pobreza,
padeciendo la pena
debida a su maldad, a su locura,
porque amargaron malos la nobleza
de la divina alteza,
hollaron su consejo verdadero;

por donde los colmó el pecho malsano,
sin que favor humano
les valga, con miseria y dolor fiero,
y libres del primero
error, vueltos al cielo,
llamaron al Señor, que abrió la estrecha
cárcel y vino al suelo
la cadena deshecha,
celebren el poder por quien quebradas
fueron las cerraduras aceradas,
y digan: «Inmortales
loores, ¡oh Señor!, te den tus obras,
tu amor con los mortales,
las grandes maravillas que en nos obras».
Y los hombres livianos,
que por seguir sin orden ni medida
el deleitoso mal, la arada senda,
los miembros firmes, sanos,
hinchieron de dolor, y de La vida
perdieron la más dulce y rica prenda,
que a la dura contienda
no iguales, de la fiebre derrocados
estando, y ya del todo al mal rendidos,
del vivir despedidos,
contra todo manjar enemistados,
a la muerte llegados,
con miserable lloro
pidieron tu favor; y Tú al momento
les mandaste un tesoro
de fuerzas y contento;
ofrézcante por este beneficio
agradecido y justo sacrificio,
y digan: «Inmortales
loores, ¡oh Señor!, te den tus obras,

tu amor con los mortales,
las grandes maravillas que en nos obras».
También los que corrieron
la mar con flaco leño, volteando
por las profundas aguas, y probaron
en el abismo y vieron
de Dios las maravillas grandes, cuando
mandándolo Él los vientos se enojaron,
y las alas alzaron
al cielo furiosos; ya se apega
con las nubes la nave ya en el suelo
se hunde, y el recelo
atónitos los turba, ahíla y ciega;
el grito al cielo llega;
mas luego Dios llamado
los mares allanó, serenó el día,
y dentro el deseado
puerto con alegría
los puso; pues los tales de eminente
canten de Dios los hechos a la gente
y digan: «Inmortales
loores, ¡oh Señor!, te den tus obras,
tu amor con los mortales,
las grandes maravillas que en nos obras».
Dios secará las fuentes,
agotará los ríos, y la tierra
viciosa yermará por los pecados
de las malvadas gentes,
que moraban en ella; y de la sierra
estéril hará frescos, verdes prados,
y pondrá allí plantados
los pobres, donde hechos moradores,
la tierra labrarán, que no envidiosa
alegrará copiosa

con dulce y rico fruto a sus señores;
y con dones mayores
irán siempre creciendo
ellos y sus ganados; porque el daño,
y el ir disminuyendo
no nace del mal año,
mas de los malos dueños; y por tanto
sobre ellos verterá duelo y quebranto.
Y al pobre dio riqueza,
y sucesión ilustre, y gozo al bueno;
al malo infiel, tristeza.
Y ponga esto el que es sabio dentro el seno.

Salmo CIX. Dixit Dominus

Asiéntate, a mi Rey mi Dios le dice,
a mi mano derecha;
que yo pondré lo que te contradice
peana a tus pies hecha.
Y de Sión tu vara fuerte envía
sobre tus enemigos;
que todos tus vasallos en un día
son nobles, son amigos.
Que Tú tienes en ti del nacimiento
la fuerza y el rocío,
con que los haces llenos de contento,
de luz y santo brío.
Más cierto que da el Sol la blanca aurora,
el parto el vientre lleno;
y el sacerdocio en ti por siempre mora
conforme al del Rey bueno.
Que Dios lo juró ansí, que nunca tira
ni muda lo jurado;
y Dios destroza reyes, puesto en ira,
a tu derecho lado.
Y pasará a cuchillo el mundo, llenos
de muertos los fosados;
y los erguidos dél, ni más ni menos
serán despedazados.
Mas tú que bebes turbio en la carrera,
ensalzarás bandera.

Salmo CXXIV. Qui confidunt

Como ni trastornado
el monte de Sión, y de su asiento
jamás será mudado,
ansí del mal exento,
será quien tiene a Dios por fundamento
De montes rodeada
está Jerusalén y defendida;
y Dios tiene cercada
a su gente escogida
con cerca que jamás será rompida.
Ni entregará al injusto
cetro Dios la virtud, porque la rienda
no suelte acaso el justo,
y en la vedada senda
no meta el pie, ni al mal la mano extienda.
Que Dios al bueno ampara,
y ciñe con su gracia y don divino;
y al que con libre cara
sigue por el camino
derecho, favorece de contino.
Mas los que por torcidos
senderos se desvían engañados,
serán de Dios traídos
a fines desastrados.
Libre el Señor de mal a sus amados.

Salmo CXXIX. De profundis

De lo hondo de mi pecho
te he llamado, Señor, con mil gemidos;
estoy en grande estrecho,
no cierres tus oídos
a mis llantos y tristes alaridos
Si mirares pecados,
delante Ti, Señor, la luz no es clara;
presentes y pasados
la justicia más rara
no osará levantar a Ti su cara.
Mas no eres rigoroso;
a un lado está, por do nació indulgencia,
Tú en medio vas sabroso
a pronunciar sentencia,
vestido de justicia y de clemencia.
Y ansí los pecadores
teniendo en Ti, su Dios, tal esperanza,
te temen y dan loores,
que a tu justa balanza
saben que está vecina confianza.
Yo, Señor, en Ti espero,
y esperando le digo al alma mía
que más esperar quiero;
y espero todavía,
que es tu ley responder al que confía.
No espera a la mañana
la guarda de la noche desvelada;
ni ansí con tanta gana
desea luz dorada,
cuanto mi alma ser de Ti amparada.
En tal Señor espera,
Israel, que en sus altas moradas

la piedad es primera;
las lucientes entradas
tienen mil redenciones rodeadas.
De aquéllas vendrá alguna
a Israel libertad, ya yo la veo;
a tu buena fortuna
del mal que estabas feo
sanarás todavía tu deseo.

Salmo CXLV. Lauda, anima mea

Mientras que gobernare
el alma aquestos miembros, y entre tanto
que el aliento durare,
yo con alegre canto
mi Dios celebraré y su nombre santo
No funde su esperanza
en los reyes ninguno, ni en sujeto
ponga su bienandanza,
en poder imperfeto
en sí mismo a miserias mil sujeto.
El alma por su parte
a su esfera con presto movimiento;
y en polvo la otra parte
se torna, y al momento
los sus intentos todos lleva el viento.
Aquel será dichoso
y de buena ventura que en su ayuda
pone a Dios poderoso,
que en solo Dios se escuda,
y nunca su fiducia de Dios muda.
De Dios, que el mar y tierra
y el cielo fabricó resplandeciente,
con cuanto dentro encierra;
de Dios, que a toda gente
mantiene fe y palabra eternamente.
Y saca de cadena
los pies injustamente aherrojados;
da pan con mano llena
a los necesitados;
es fiel justicia de los agraviados.
Con mano piadosa
levanta y pone en pie al abatido;

da ver la luz hermosa
al ciego, y con crecido
amor abraza al bueno y su partido.
A su sombra se acoge
el que anda desterrado y peregrino;
al huérfano recoge,
y a la viudez, y el tino
hace que pierda el malo en su camino.
Dios reina sobre cuanto
o fue ya, o es agora, o después fuere;
Dios, que es tu Dios en tanto,
Sión, que mundo hubiere,
y un siglo a otro siglo sucediere.

Salmo CXLVII. Lauda, Ierusalem

Jerusalén gloriosa,
ciudad del cielo amiga y amparada,
loa al Señor, gozosa
de verte dél amada;
loa a tu Dios, Sión, de Dios amada
Porque ves con tus ojos
de tus puertas estar sobrecerrados
candados y cerrojos;
y a tus hijos amados
bendijo en ti por siglos prolongados.
De bien y paz ceñida
tanto te guarda Dios, que no hay camino
do seas ofendida;
y con manjar divino
te harta y satisface de contino.
Aqueste Dios envía
a la tierra su voz y mandamiento,
y con presta alegría
le obedece al momento
sin poder resistir todo elemento.
Envía blanca nieve
como copos de lana carmenada;
aquéste es el que llueve,
y esparce niebla helada,
menuda cual ceniza derramada.
Envía también del cielo
cual planchas de cristal endurecido
el riguroso hielo,
cuyo frío crecido
no puede reparar ningún vestido.
Y aunque está más helado,
se derrite al divino mandamiento;

sopla el sonido airado
de algún lluvioso viento,
y al punto suelta el húmido elemento.
Y aqueste Dios declara
su palabra a Jacob, su pueblo amado;
y en Israel, que ampara,
nos ha depositado
la Ley y ceremonias que ha ordenado.
No ha hecho Dios tal cosa
con todas las naciones juntamente,
ni con lengua piadosa
manifestó a otra gente
su corazón tan cierta y tiernamente.

De los Proverbios de Salomón

El sabio Salomón aquí pusiera,
lo que para su aviso, de recelo
su madre, de amor llena, le dijera:
«¡Ay, hijo mío! ¡Ay, dulce manojuelo
de mis entrañas! ¡Ay, mi deseado!,
por quien mi voz contino sube al cielo.
»Ni yo al amor de hembra te vea dado,
ni en manos de mujer tu fortaleza,
ni en daños de los reyes conjurado.
»Ni con beodez afees tu grandeza,
que no es para los reyes, no es el vino,
ni para los jueces la cerveza.
»Porque, en bebiendo, olvidan el camino
del fuero, y ciegos tuercen el derecho
del oprimido pobre y del mezquino.
»Al que con pena y ansia está deshecho,
a aquél dad vino vos; la sidra sea
de aquel a quien dolor le sorbe el pecho.
»Beba, y olvídese, y no siempre vea
presente su dolor adormecido,
húrtese aquel espacio a la pelea.
»Abre tu boca dulce al que afligido
no habla, y tu tratar sea templado
con todos los que corren al olvido.
»Guarda justicia al pobre y al cuitado;
amparo halle en ti el menesteroso,
que ansí florecerá tu grande estado.
»Mas o si fueses hijo tan dichoso,
que hubieses por mujer hembra dotada
de corazón honesto y virtuoso.
»Ni la perla oriental ansí es preciada,
ni la esmeralda que el Ofir envía,

ni la vena riquísima alejada.
»En ella su marido se confía;
como en mercaduría gananciosa,
no cura de otro trato o granjería.
»Ella busca su lino hacendosa;
busca algodón y lana, y diligente
despierta allí la mano artificiosa.
»Con gozo y con placer continamente
alegra, y con descanso a su marido;
enojo no, jamás, ni pena ardiente.
»Es bien como navío bastecido
por rico mercader, que en sí acarrea
lo bueno, que en mil partes ha cogido.
»Levántase, y apenas alborea,
reparte la ración a sus criados,
su parte a cada uno y su tarea.
»Del fruto de sus dedos y hilados
compró un heredamiento, que le plugo;
plantó fértil majuelo en los collados.
»Nunca el trabajo honesto le desplugo;
hizo sus ojos firmes a la vela,
sus brazos rodeó con fuerza y yugo.
»Esle sabroso el torno, el aspa y tela,
el adquirir, la industria, el ser casera;
de noche no se apaga su candela.
»Trae con mano diestra la tortera;
el fuso entre los dedos volteando
le huye y torna luego a la carrera.
»Abre su pecho al pobre que, llorando,
socorro le rogó, y con mano llena
al falto y al mendigo va abrigando.
»Al cierzo abrasador que sopla y suena
y esparce hielo y nieve, bien doblada
de ropa, su familia está sin pena.

»De redes que labró, tiene colgada
su cama, y rica seda es su vestido,
y púrpura finísima preciada.
»Por ella es acatado su marido
en plaza, en consistorio, en eminente
lugar, por todos puesto y bendecido.
»Hace también labores de excelente
obra para vender; vende al joyero
franjas tejidas bella y sutilmente.
»¿Quién cantará su bien? Su verdadero
arreo es el valor, la virtud pura;
alegre llegará al día postrero.
»Cuanto nasce en sus labios es cordura;
de su lengua discreta cuanto mana
es todo piedad, amor, dulzura.
»Discurre por su casa; no está vana,
ni ociosa, ni sin que ya se le deba,
se desayunará por la mañana.
»El coro de sus hijos crece y lleva
al cielo sus loores, y el querido
padre con voz gozosa los aprueba.
»Y dicen: Muchas otras han querido
mostrarse valerosas, mas con ella
compuestas, como si no hubieran sido.
»Es aire la tez clara como estrella,
las hermosas figuras, burlería;
la hembra que a Dios teme, aquésa es bella.»
Dadle que goce el fruto, el alegría
de sus ricos trabajos. Los extraños,
los suyos en las plazas a porfía
celebren su loor eternos años.

Cantar de los Cantares

Capítulo I
Propiedad es de la lengua hebrea doblar así unas mismas palabras, cuando quiere encarecer alguna cosa, o en bien o en mal. Así que decir Cantar de Cantares es lo mismo que solemos decir en castellano Cantar entre cantares; es hombre entre hombres; esto es, señalado y eminente entre todos, y más excelente que otros muchos. Entendemos de esto, que nos mostró la riqueza de su amor y regalos al Espíritu Santo más en este Cantar que en otro alguno. Pues dice así:
1. (Esposa.) Béseme de besos de su boca; porque buenos (son) tus amores más que el vino.
2. Al olor de tus ungüentos buenos: (Que es) ungüento derramado tu nombre; por eso las doncellas te amaron.
3. Llévame en pos de ti: corremos. Metióme el rey en sus retretes: regocijarnos hemos y alegrarnos hemos en ti; membrársenos han tus amores más que el vino. Las dulzuras te aman.
4. Morena yo, pero amable, hijas de Jerusalén, como las tiendas de Cedar, como las cortinas de Salomón.
5. No miréis que soy algo morena, que miróme el Sol: los hijos de mi madre porfiaron contra mí; pusiéronme (por) guarda de viñas: la mi viña no me guardé.
6. Enséñame, ¡oh Amado de mi alma!, dónde apacientas, dónde sesteas al mediodía; porque seré como descarriada entre los ganados de tus compañeros.
7. (Esposo.) Si no te lo sabes, ¡oh hermosa entre las mujeres!, salte (y sigue) por las pisadas del ganado, y apacentarás tus cabritos junto a las cabañas de los pastores.
8. A la yegua mía en el carro de Faraón te comparé, amiga mía.
9. Lindas (están) tus mejillas en los cerquillos, tu cuello en los collares.
10. Tortolicas de oro te haremos esmaltadas de plata.
11. (Esposa.) Cuando estaba el rey en su reposo, el mi nardo dio su olor.
12. Manojuelo de mirra el mi Amado a mí; morará entre mis pechos.
13. Racimo de Copher mi Amado a mí, de las viñas de Engaddi.
14. (Esposo.) ¡Ay, cuán hermosa, Amiga mía (eres tú), cuán hermosa! Tus ojos de paloma.

15. (Esposa.) ¡Ay, cuán hermoso, Amigo mío (eres tú), y cuán gracioso! Nuestro lecho (está) florido.

16. Las vigas de nuestra casa son de cedro, y el techo de ciprés.

Capítulo II
1. (Esposa.) Yo rosa del campo y azucena de los valles.
2. (Esposo.) Cual la azucena entre las espinas, así mi Amiga entre las hijas.
3. (Esposa.) Cual el manzano entre los árboles silvestres, así mi Amado entre los hijos; en su sombra deseé; sentéme, y su fruta dulce a mi garganta.
4. Metióme en la cámara del vino; la bandera suya en mí (es) amor.
5. Forzadme con vasos de vino; cercadme de manzanas, que enferma estoy de amor.
6. La izquierda suya debajo de mi cabeza, y su derecha me abrace.
7. (Esposo.) Conjúroos, hijas de Jerusalén, por las cabras, o por las ciervas montesas, si despertáredes y si velar hiciéredes el Amor hasta que quiera.
8. (Esposa.) Voz de mi Amado (se oye). Helo, viene atravancando por los montes, saltando por los collados.
9. Semejante es mi Amado a la cabra montés, o ciervecito. Helo (ya está), tras nuestra pared, acechando por las ventanas, mirando por los resquicios.
10. Hablado ha mi Amado, y díjome: Levántate, Amiga mía y galana mía, y vente.
11. Ya ves; pasó el invierno, pasó la lluvia y fuese.
12. Descubre flores la tierra; el tiempo del podar es venido; oída es voz de tórtola en nuestro campo.
13. La higuera brota sus higos, y las viñas de pequeñas uvas dan olor. Por ende, levántate, Amiga mía, hermosa mía, y vente.
14. Paloma mía, en las quiebras de la piedra, en las vueltas del caracol, descúbreme tu vista, hazme oír la tu voz; que la tu voz dulce y la tu vista bella.
15. Tomadnos las raposas pequeñas, destruidoras de viñas, que la nuestra viña está en flor.
16. El Amado mío es mío, y yo soy suya (del que), apacienta entre los lirios.
17. Hasta que sople el día y las sombras huyan; tórnate, sei semejante, Amado mío, a la cabra, o al corzo sobre los montes de Bather.

Capítulo III

1. (Esposa.) En el mi lecho en las noches busqué al que ama mi alma; busquéle y no le hallé.
2. Levantarme he agora, y cercaré por la ciudad, por los barrios y por los lugares anchos, buscaré al que ama mi alma; busquéle, y no le hallé.
3. Encontráronme las rondas que guardan la ciudad. (Preguntéles): ¿Visteis, por ventura, al que ama mi alma?
4. A poco que me aparté de ellas (anduve) hasta hallar al Amado de mi alma. Asíle, y no le dejaré hasta que le meta en casa de la mi madre, y en la cámara de la que me parió.
5. Ruégoos, hijas de Jerusalén, por las cabras y por los ciervos del campo, que no despertéis ni velar hagáis al Amor hasta que quiera.
6. (Compañeros.) ¿Quién es esta que sube del desierto como columna de humo, de oloroso perfume de mirra e incienso, y todos los polvos olorosos del maestro de los olores?
7. Veis, el lecho del mismo Salomón; sesenta valientes están en su cerco de los más valientes de Israel.
8. Todos ellos tienen espadas; guerreadores sabios, la espada de cada uno sobre su muslo por el temor de las noches.
9. Litera hizo para sí Salomón de los árboles del Líbano.
10. Las columnas de ella hizo de plata, el su techo de oro, el recodadero de púrpura y, por el entremedio, amor por las hijas de Jerusalén.
11. Salid y ved, hijas de Sión, al rey Salomón con la corona con que le coronó la su madre en el día de su desposorio, y en el día del regocijo de su corazón.

Capítulo IV

1. (Esposo.) ¡Ay, qué hermosa te eres, Amiga mía; ay, qué hermosa! Tus ojos de paloma entre tus guedejas; tu cabello, como un rebaño de cabras que miran del monte Galaad.
2. Tus dientes como hato de ovejas trasquiladas que vienen de bañarse, las cuales todas paren de dos en dos, y ninguna entre ellas hay vacía.
3. Como un hilo de carmesí tus labios, y el tu hablar polido; como el casco de granada tus sienes estre tus copetes.
4. Como torre de David el tu cuello, fundada en los collados; mil escudos que cuelgan de ella, todos ellos escudos de poderosos.
5. Tus dos pechos como dos cabritos mellizos, que pacen entre violetas.
6. Hasta que sople el día y las sombras huyan, voyme al monte de la mirra y al collado del incienso.
7. Toda tú hermosa, Amiga mía, y falta no hay en ti.
8. Conmigo del Líbano, Esposa, conmigo del Líbano te vendrás; otearás desde la cumbre de Amana, de la cumbre de Senir y de Hermón, de las cuevas de los leones y los montes de las onzas.
9. Robaste mi corazón, hermana mía, Esposa; robaste mi corazón con uno de los tus ojos, con un sartal de tu cuello.
10. ¡Cuán lindos son tus amores, hermana mía, Esposa; cuán buenos son tus amores! Más que el vino; y el olor de tus olores sobre todas las cosas olorosas.
11. Panal destilan tus labios, Esposa; miel y leche está en tu lengua, y el olor de tus arreos, como el olor del Líbano.
12. Huerto cercado, hermana mía, Esposa; huerto cercado, fuente sellada.
13. Tus plantas (son) como jardín de granados con fruta de dulzuras; juncia de olor y nardo.
14. Nardo y azafrán, canela y cinamomo, con los demás árboles del incienso; mirra, áloe, con todos los principales olores.
15. Fuente de huertos, pozos de aguas vivas que manan del monte Líbano.
16. ¡Sus!, vuela, cierzo, y ven tú, ábrego y orea el mi huerto; espárzanse sus olores.

Capítulo V

1. (Esposa.) Venga el mi Amado a su huerto, y coma la fruta de sus manzanas delicadas.
2. (Esposo.) Vine a mi huerto, hermana mía, Esposa; cogí mi mirra y mis olores: comí mi panal con la miel mía; bebí mi vino y la mi leche: comed, compañeros, bebed y embriagadvos, amigos.
3. (Esposa.) Yo duermo, y mi corazón vela. La voz de mi querido llama: Ábreme, hermana mía, compañera mía, paloma mía, perfecta mía, porque mi cabeza está llena de rocío, y mi cabello de las gotas de la noche.
4. Desnudéme mi vestidura; ¿cómo me la vestiré? Lavé mis pies; ¿cómo los ensuciaré?
5. Mi Amado metió la mano por el resquicio de las puertas, y mis entrañas se estremecieron en mí.
6. Levantéme a abrir a mi Amado, y mis manos gotearon mirra, y mis dedos mirra que corre, sobre los goznes del aldaba.
7. Yo abrí a mi Amado, y mi Amado se había ido, y se había pasado, y mi alma se me salió en el hablar de él. Busquéle, y no le hallé; llaméle, y no me respondió.
8. Halláronme las guardas que rondan la ciudad; hiriéronme; tomáronme mi manto, que sobre mí tenía, las guardas de los muros.
9. Yo os conjuro, hijas de Jerusalén, que si halláredes a mi querido: ¿Mas qué le contaréis? Que soy enferma de amor.
10. (Compañeras.) ¿Qué tiene el tu Amado más que otro amado, oh hermosa entre las mujeres? ¿Qué tiene el tu Amado sobre otro amado, porque así nos conjuraste?
11. (Esposa.) El mi Amado, blanco y colorado; trae bandera entre los millares.
12. Su cabeza, como oro de Tibar; sus cabellos, crespos, negros como cuervo.
13. Sus ojos, como los de la paloma junto a los arroyos de las aguas, bañadas en leche junto a la llenura.
14. Sus mejillas, como eras de plantas olorosas de los olores de confección. Sus labios, violetas que estilan mirra que corre.
15. Sus manos, rollos de oro llenos de Tarsís; su vientre, blanco diente cercado de zafiros.

16. Sus piernas, columnas de mármol, fundadas sobre basa de oro fino. El su semblante, como el del Líbano, erguido como los cedros.
17. Su paladar, dulzuras; y todo él, deseos. Tal es el mi Amado, y tal es el mi querido, hijas de Jerusalén.
18. (Compañeras.) ¿Dónde se fue el tu Amado, hermosa entre las mujeres? ¿Dónde se volvió el tu querido, y buscarle hemos contigo?

Capítulo VI

1. (Esposa.) El mi Amado descendió al su huerto, a las eras de los aromates, a apacentar entre los huertos y coger las flores.
2. Yo al mi Amado, y el mi Amado a mí, que apasta entre las azucenas.
3. (Esposo.) Hermosa eres, Amiga mía, como Thirsá; bella como Jerusalén, terrible como los escuadrones, sus banderas tendidas.
4. Vuelve los ojos tuyos, que me hacen fuerza; el tu cabello como las manadas de cabras, que se parescen en el Gilgad.
5. Tus dientes como hatajo de ovejas, que suben del lavadero, las cuales todas paren de dos en dos, y no hay estéril en ellas.
6. Tus sienes, como un casco de granada entre tus copetes.
7. Sesenta son las reinas, y ochenta las concubinas, y las doncellas sin cuento.
8. Una es la mi paloma, la mi perfecta, única es a su madre: ella escogida es a la que la parió. Viéronla las hijas, y llamáronla bienaventurada, y las reinas y concubinas la loaron.
9. (Compañeras.) ¿Quién es ésta que se descubre como el alba, hermosa como la Luna, escogida como el Sol, terrible como los escuadrones?
10. (Esposo.) Al huerto del nogal descendí por ver los frutos de los valles, y ver si está en ciernes la vid, y ver si florescen los granados.
11. (Esposa.) No sé; mi alma me puso como carros de aminadab.
12. (Coro.) Torna, torna, Sulamita; torna y verte hemos.
13. ¿Qué miráis en la Sulamita, como en los coros de los ejércitos?

Capítulo VII
1. (Coro.) ¡Cuán lindos son tus pasos en el tu calzado, hija del príncipe! Los cercos de tus muslos como ajorcas, obra de mano de oficial.
2. Tu ombligo como taza de Luna, que no está vacía; tu vientre, un montón de trigo cercado de violetas.
3. Los dos pechos tuyos, como dos cabritos mellizos de una cabra.
4. El tu cuello como torre de marfil; tus ojos como estanques de Hesebón junto a la puerta de Bathrabbim; tu nariz como la torre del Líbano, que mira frontero de Damasco.
5. La cabeza tuya de sobre ti como el Carmelo, y la madeja de tu cabeza como la púrpura. El rey atado en las regueras.
6. ¡Cuánto te alindaste, cuánto te enmelaste, Amada, en los deleites!
7. Esta tu disposición semejante es a la palma, y tus pechos a los racimos de la vid. Dije: Yo subiré a la palma, y asiré sus racimos; y serán tus pechos como los racimos de la vid y el aliento de tu boca como el olor de las manzanas.
8. Y el tu olor como vino bueno, que va mi Amado a las derechas, que hace hablar labios de dormientes.
9. (Esposa.) Yo soy de mi Amado, y su deseo a mí.
10. Ven, Amado mío, salgamos al campo, moremos en las granjas.
11. Levantémonos de mañana a las viñas; veamos si florece la vid, si se descubre la menuda uva, si brotaron los granados. Allí te daré mis amores.
12. Las mandrágoras si dan olor; que todos los dulces frutos, así los nuevos como los viejos, Amado mío, los guardé en mis puertas para ti.

Capítulo VIII
1. (Esposa.) ¿Quién te me dará, como hermano mío, que mamases los pechos de mi madre? Hallartehía fuera; besartehía, y también no me despreciarían.
2. Meteríate en casa de mi madre; enseñaríasme; haríate beber del vino adobado y del mosto de las granadas nuestras.
3. Su izquierda debajo de mi cabeza, y su diestra me abrazará.
4. (Esposo.) Yo os conjuro, hijas de Jerusalén, ¿por qué despertaréis, por qué desasogaréis al Amada hasta que quiera?
5. (Compañeros.) ¿Quién es ésta que sube del desierto recostada en su Amado?
(Esposo.) Debajo del manzano te desperté; allí te parió la tu madre; allí estuvo de parto la que te parió.
6. Ponme como sello sobre tu corazón, como sello sobre tu brazo, porque el amor es fuerte como la muerte, duros como el infierno los celos, las sus brasas son brasas del fuego de Dios.
7. Muchas aguas no pueden matar el amor, ni los ríos lo pueden anegar. Si diere el hombre todos los haberes de su casa por el amor, despreciando los despreciará.
8. (Esposa.) Hermana es a nos pequeña, y pechos no tiene ella; ¿qué haremos a nuestra hermana cuando se hablare de ella?
9. Si hay pared, edificarle hemos un palacio de plata; si puerta, fortalecerémosla para ella con tabla de cedro.
10. Yo soy muro y mis pechos son torres; entonces fui en sus ojos como aquella que haya.
11. Tuvo una viña Salomón en Baal-Hamón; entregó la viña a las guardas, y que cada cual traía por el fruto mil monedas de plata.
12. La viña mía, que es mía, delante de mí; mil para ti, Salomón, y doscientos para los que guardan su fruto.
13. (Esposo.) Estando tú en el huerto y los compañeros escuchando, haz que yo oiga tu voz.
14. (Esposa.) Huye, Amado mío, y sé semejante a la cabra montesa y a los ciervecicos de los montes de los olores.

Libros a la carta

A la carta es un servicio especializado para
empresas,
librerías,
bibliotecas,
editoriales
y centros de enseñanza;
y permite confeccionar libros que, por su formato y concepción, sirven a los propósitos más específicos de estas instituciones.

Las empresas nos encargan ediciones personalizadas para marketing editorial o para regalos institucionales. Y los interesados solicitan, a título personal, ediciones antiguas, o no disponibles en el mercado; y las acompañan con notas y comentarios críticos.

Las ediciones tienen como apoyo un libro de estilo con todo tipo de referencias sobre los criterios de tratamiento tipográfico aplicados a nuestros libros que puede ser consultado en Linkgua-ediciones.com.

Linkgua edita por encargo diferentes versiones de una misma obra con distintos tratamientos ortotipográficos (actualizaciones de carácter divulgativo de un clásico, o versiones estrictamente fieles a la edición original de referencia). Este servicio de ediciones a la carta le permitirá, si usted se dedica a la enseñanza, tener una forma de hacer pública su interpretación de un texto y, sobre una versión digitalizada «base», usted podrá introducir interpretaciones del texto fuente. Es un tópico que los profesores denuncien en clase los desmanes de una edición, o vayan comentando errores de interpretación de un texto y esta es una solución útil a esa necesidad del mundo académico.

Asimismo publicamos de manera sistemática, en un mismo catálogo, tesis doctorales y actas de congresos académicos, que son distribuidas a través de nuestra Web.

El servicio de «libros a la carta» funciona de dos formas.

1. Tenemos un fondo de libros digitalizados que usted puede personalizar en tiradas de al menos cinco ejemplares. Estas personalizaciones pueden ser de todo tipo: añadir notas de clase para uso de un grupo de estudiantes, introducir logos corporativos para uso con fines de marketing empresarial, etc. etc.

2. Buscamos libros descatalogados de otras editoriales y los reeditamos en tiradas cortas a petición de un cliente.

www.ingramcontent.com/pod-product-compliance
Lightning Source LLC
LaVergne TN
LVHW041333080426
835512LV00006B/426